L. Henry
Lecomte
Montansier
Histoire anecdotique d'une comédienne
JUVEN

LA MONTANSIER

L.-Henry LECOMTE

LA MONTANSIER

SES AVENTURES — SES ENTREPRISES

(1730-1820)

PARIS

SOCIÉTÉ D'ÉDITION ET DE PUBLICATIONS

LIBRAIRIE Félix JUVEN

122, RUE RÉAUMUR, 122

L.-Henry LECOMTE

LA MONTANSIER

SES AVENTURES — SES ENTREPRISES

(1730-1820)

PARIS

SOCIÉTÉ D'ÉDITION ET DE PUBLICATIONS

LIBRAIRIE Félix JUVEN

122, RUE RÉAUMUR, 122

LA MONTANSIER

I

La Montansier. — Son acte de baptême. — Un voyage
inutile. — *Hermosa.* — Mort de M. Brunet. — Un
bon conseil. — Départ pour Paris. — Un singulier
équipage. — Un plongeon. — Conquête d'un haut-
de-chausse. — Amoureux maladroit. — Un roué. —
La petite maison du marquis de Cossé. — Comment
Marguerite entra chez sa tante.

L'histoire de nos théâtres pendant la Révolution n'a jamais été qu'esquissée. Par suite,
nombre d'intéressantes figures sont demeurées
dans l'ombre. La plus originale, sans contredit,
est celle dont nous entreprenons de faire le défi-
nitif portrait. Aventurière consommée, mais douée
d'un esprit souple et pénétrant, d'une indomp-
table énergie de caractère, la Montansier, merveilleusement entendue aux choses de la scène, a tous

les droits à l'attention des curieux et des obser-
vateurs.

Marguerite Brunet — tel est le véritable nom
de la femme singulière qu'on ne connaît que sous
celui de Montansier — naquit à Bayonne en
l'an 1730. L'acte suivant, extrait des registres de
la cathédrale de cette ville, nous renseigne exac-
tement sur sa date de naissance et l'état civil de
ses ascendants.

« Le dix-neuf décembre dix-sept cent trente a
été baptisée par moi, soussigné, Marguerite Brunet, née la veille, fille légitime de Jacques Brunet, épinglier, et de Marie Capdeville, sa femme,
demeurant maison d'Anglas, rue Faure. Parrain,
Jean Rabraon, couvreur; marraine, Marguerite
d'Apertigny de Laborde. »

Contrairement à ce qu'ont dit ses biographes,
le père de Marguerite n'était donc ni avocat ni
même employé aux gabelles. Son extraction modeste n'empêcha point l'enfant, prématurément
orpheline de mère, d'être admise au couvent des
Ursulines de Bordeaux. Elle fit là des études
médiocres qu'un de ses oncles interrompit pour
la conduire en Amérique, près d'une parente âgée
dont on espérait la voir hériter. La bonne dame
mourut le jour même où débarqua la jeune fille,
à laquelle elle avait oublié de penser; c'était un

piètre résultat pour un déplacement si pénible. Certains ont prétendu qu'à la suite de cette désillusion, Marguerite Brunet s'était engagée dans une troupe d'artistes nomades cherchant fortune hors de France; la vérité est qu'elle revint simplement à Bayonne, où elle devait presque aussitôt fermer les yeux à son père.

La mine piquante de Marguerite, sa taille petite mais bien prise, son corsage agréablement dessiné et l'éclat de ses grands yeux noirs lui avaient, dans sa ville natale, valu le flatteur surnom d'*Hermosa* (la belle). Les galants, pour le bon ou le mauvais motif, se pressaient autour de la jeune fille, mais que lui importaient des triomphes provinciaux! C'est Paris que rêvait son esprit déluré, Paris qu'appelaient ses visées ambitieuses. Or, en quittant ce monde, M. Brunet recommanda précisément à Marguerite d'aller rejoindre, dans la capitale, sa tante maternelle, une certaine dame Montansier, établie marchande à la toilette au n° 12 de la rue Saint-Roch. Ce conseil, comme on pense, fut religieusement suivi; son modeste héritage liquidé, l'orpheline prit le coche de Bordeaux pour aller, comme tant d'autres, conquérir une place au soleil parisien.

Sur quoi comptait Marguerite Brunet pour faire fortune? Tout bonnement sur sa gentillesse. Si elle ne l'eût été déjà, son voyage l'aurait, de surabondante façon, édifiée sur le pouvoir de ses charmes juvéniles.

Un cultivateur des environs de Dax l'accabla d'abord, dans le coche, d'amabilités auxquelles elle ne se prit guère; ce galant la priait simplement d'embellir de sa présence la délicieuse vallée qu'il habitait et où la conduirait, disait-il, l'équipage l'attendant à Dax. Qu'était cet équipage? Une paire d'échasses qu'un valet présenta au fermier à sa sortie du lourd véhicule. On juge du rire qui s'empara de Marguerite à ce spectacle. Sans se déconcerter, le rural chaussa ses montures, s'avança vivement près de la portière du coche et, trouvant le visage de la moqueuse à sa portée, la gratifia d'un gros baiser. Ripostant par un soufflet, Marguerite s'écria :

> Baiser de cavalier et soufflet d'une dame
> S'acceptent. . . . .

et vit partir penaud le galant échassier.

A Bordeaux, nouvelle aventure. Le second du bateau caboteur qui conduisait les voyageurs à La Rochelle se permet, à l'endroit de Marguerite, une privauté grossière; sans se déconcerter, la Méridionale envoie d'un coup de coude le rustre dans la Gironde.

A La Rochelle encore, un gentillâtre tourangeau, prenant place à côté de Marguerite dans le
coche qui roulait vers Tours, cherche à étourdir
la jeune fille en lui parlant de sa noblesse, de
son château, des terres immenses qui l'entourent;
un peu émue, la voyageuse descend à une montée
et se laisse conduire dans un chemin de traverse
où le beau parleur prétend triompher d'elle; reprenant son sang-froid, Marguerite alors saisit
l'épée du nobliau, le force à quitter son haut-de-
chausse et regagne avec ces deux trophées la voiture que le Tourangeau poursuit en vain d'appels
désespérés.

Enfin, sur le bateau-poste de Tours à Paris,
le chevalier d'Altayrac, officier aux gardes, se
déclara féru de l'aguichante Béarnaise; celle-ci
plaisanta, berna son quatrième soupirant, et d'Altayrac n'eut d'autre ressource que de narrer sa
déconvenue au cousin qui l'attendait au quai de
la Râpée, où s'arrêta finalement le véhicule
aquatique.

Ce cousin avait nom le marquis de Cossé,
c'était un des roués de l'époque; il voulut, par
un coup d'éclat, venger son parent. Tandis que
Marguerite, troublée par l'aspect de la grande
ville, cherchait à prendre langue au milieu des
badauds qui la pressaient, Cossé eut bientôt fait

de dresser ses batteries. Un commissionnaire gagné par lui offrit ses services à la jeune fille, les
vit agréer, et la conduisit tout droit à la petite
maison que le marquis possédait dans l'avenue
de Courcelles.

On comprend l'émoi de Marguerite, cloîtrée
dans un hôtel où la sollicitaient les séductions
d'un luxe intelligent; mais, bien que décidée à
tous les sacrifices pour atteindre la fortune rêvée,
elle entendait pourtant disposer d'elle à son gré
et ne jamais céder à la violence, de quelque part
qu'elle vînt. Les tentatives variées du marquis
n'eurent donc aucun succès. Il s'en désespérait,
car, fier de la beauté qu'il tenait en cage, il s'était
engagé à la produire bientôt, au cours d'un souper, devant la fleur des gentilshommes viveurs.
Comprenant, à certaines paroles, que la vanité
du marquis était surtout en jeu, Marguerite eut
l'idée d'une transaction propre à sauvegarder le
renom du Lovelace en échec : sans s'engager à
rien, elle paraîtrait complaisamment au repas
offert par Cossé à ses galants compagnons.

Le soir venu, Mlle Brunet, merveilleusement
parée d'une robe offerte par son geôlier, prit
effectivement place à la table où se groupaient les
plus brillants seigneurs de la cour de Louis XV.
Sa jeunesse, sa verve brillante charmèrent tous les

convives. À la fin du repas, sur un ton légèrement narquois, elle porta à l'amphitryon un toast le remerciant de son hospitalité et de l'originale idée qui avait présidé à ce festin superbe. Puis, comme on demandait l'explication de ces paroles :

— Messieurs, dit-elle, le marquis de Cossé m'avait faite prisonnière dans un but que vous devinez; mais hier, en loyal gentilhomme, il m'a dit : « Je vois que rien ne peut faire que l'amitié devienne de l'amour; restez mon amie, Marguerite, et demain, quand je vous aurai présenté mes amis les plus chers, vous choisirez parmi eux le chevalier qui devra vous accompagner pour sortir de cette maison. »

Des applaudissements chaleureux accueillirent cette déclaration; on fit une ovation à Cossé qui, vexé d'abord, comprit vite qu'il y avait là le moyen de sortir honorablement d'une fâcheuse aventure et ne protesta point contre le dire de la jeune fille.

— Le choix! le choix! crièrent d'une voix tous les seigneurs affriolés.

— Monsieur de Richelieu, dit alors Marguerite avec une certaine dignité, voulez-vous me donner le bras, je vous prie?

Elle n'eût pu faire un meilleur choix.

— Où dois-je vous mener, mademoiselle? demanda le duc enchanté.

— Chez Mme Montansier, revendeuse, rue Saint-Roch.

A l'aube, Mlle Brunet, conduite par M. de Richelieu et accompagnée de la meilleure noblesse de France, faisait chez sa tante la plus sensationnelle des entrées.

Elle avait juste dix-huit ans.

II

Les instincts de Marguerite Brunet devaient
trouver chez Mme Montansier le milieu le plus
favorable à leur développement. Que savait la
nouvelle venue? Aimer. C'était, en somme, un capital que cette gentille science et, grâce aux conseils de la revendeuse mêlée par état à toutes
les classes, ce capital devait inévitablement rap-
porter de très gros intérêts.

Sa première aventure parisienne et la façon
neuve dont elle s'en était tirée avaient posé Marguerite; on ne l'appelait que *la Belle Béarnaise*
et chacun, dans le monde des plaisirs, désirait

ses faveurs, intelligemment tarifées. C'est alors que, trouvant sans doute un peu roturier son nom de famille, elle adopta celui de sa tante auquel, dans l'occasion, elle ajoutait sans hésiter une particule.

Le moment, d'ailleurs, était bon pour elle, la galanterie ayant mille occasions et rencontrant fort peu d'obstacles. Les jolies femmes des provinces, importées, s'attachaient à la suite de tout homme qui avait un train de maison suffisant. A l'exemple du roi, les princes et les nobles affichaient un laisser-aller complet dans leurs mœurs. Les prélats subissaient la contagion de l'exemple; on citait leurs maîtresses clandestines ou scandaleusement affichées. Les gens de robe et la bourgeoisie riche imitaient ces écarts; la France enfin constituait, pour les amoureuses vénales, une mine féconde et très facile à exploiter.

Avec les heureuses dispositions que nous avons indiquées, Mlle Montansier se mit bientôt au fait du code mondain de l'époque; en peu de temps elle eut maison montée et la meilleure des clientèles. On ambitionnait d'être admis chez *la Belle Béarnaise*, on aimait à la voir, à entendre ses mots piquants auxquels l'accent apporté des bords de l'Adour donnait une saveur particulière. Pendant nombre d'années, elle arrangea sa vie de façon agréable pour les autres, lucrative pour elle. Nous avons, de son habileté professionnelle, des preuves irrécusables. Les archives de la Bastille, conservées à la Bibliothèque de l'Arsenal, contiennent par exemple, à ce sujet, un rapport instructif sinon édifiant. Ce rapport est signé par Meusnier, commissaire au Châtelet, que les devoirs de sa charge obligeaient à surveiller les femmes galantes, qu'elles fussent de qualité, du peuple ou bien actrices. Nous le donnons en entier, car il contient des détails qu'on chercherait vainement ailleurs.

« *Du 24 septembre 1756. — La demoiselle Brunet de Montansier, rue Saint-Thomas-du-Louvre.* — Marguerite Brunet, dite de Montansier, est âgée de 28 à 30 ans, originaire de Provence, et, si on veut l'en croire, elle est fille d'un avocat (1).

« Dès l'année 1748, elle était déjà connue sur le pavé de Paris; mais la tradition ne nous dit point qu'elle y eût fait aucune conquête brillante, quand M. Husson, conseiller à la troi-

____

(1) Il y a, dans ce paragraphe, deux erreurs que le lecteur rectifiera avec notre premier chapitre.

sième des enquêtes, demeurant pour lors rue de Condé, aujourd'hui quai des Théatins, s'en accommoda.

« Se croyant aimé de cette fille, qui a toujours été accorte et déliée, il s'attacha à elle. En 1749, nommé à l'intendance de la Martinique à la place de M. Ranché, il l'emmena avec lui. Nombre de tous qu'elle lui joua firent qu'à la fin il s'en dégoûta et l'abandonna entièrement, après s'être cependant quittés et repris plusieurs fois.

« Elle fut s'établir marchande de modes à Saint-Domingue. Le climat n'étant pas propre à faire fortune dans ce genre, et le revenu de ses charmes ne fournissant pas assez abondamment pour suppléer au défaut de la vente, elle prit le parti de revenir en France.

« Elle reparut donc sur notre horizon au commencement de l'année 1754, et comme elle connaissait déjà la carte du pays, elle n'eut garde d'y arriver avec l'extérieur d'une fortune délabrée. Deux grands nègres habillés de bleu qui la suivaient partout, un laquais, deux femmes de chambre et un carrosse de remise au mois l'annoncèrent sur le ton d'une très riche Américaine, et, à la faveur d'un si bel appareil, elle trouva, suivant l'usage de Paris, du crédit et des dupes. Verrier, tapissier, qui n'est cependant pas à mettre dans cette classe, commença néanmoins par lui meubler un appartement rue Saint-Honoré, chez le charcutier faisant le coin de la rue Neuve-de-Luxembourg, au troisième. C'était un peu haut pour une princesse comme elle, mais comment faire? il fallait se loger. Il y mit donc pour 5 à 6,000 livres de meubles en damas et en moire, sur lesquelles elle lui délégua un premier paiement.

« Quand on vint au second, elle fit impunément mourir et faire banqueroute à un prétendu banquier qu'elle disait avoir à Bordeaux, et auquel elle avait malheureusement, en revenant de là-bas, confié toute sa fortune, à l'exception de 2,000 livres de rente qui lui restaient (ces 2,000 livres de rente sont constituées, comme l'on dit, sur les brouillards de la rivière). En sorte qu'il fallut que Verrier et tous les autres créanciers se prêtassent à de nouveaux arrangements jusqu'à ce qu'elle eût discuté les affaires de la succession du prétendu débiteur.

« Comme toutes ces prétentions n'étaient qu'un jeu imaginé pour gagner du temps et qu'elle n'a, jusqu'ici, vécu que de passades, on croit qu'elle doit encore la majeure partie de ce qu'elle possède.

« Le premier de ses amants connus, et le plus

assidu encore, est le comte d'Esparbès, capitaine au régiment de Picardie, cousin germain du marquis de Jonzac, qui lui donna quelques meubles.

« La Montbrun lui a aussi, dans le même temps, fait gagner quelques louis avec le prince de Nassau-Saarbrück.

« Ensuite est venu M. de Saujon, gentilhomme de M. le duc d'Orléans, qui lui a procuré quelques soupers avec son maître. Elle en a fait aussi avec M. de Saint-Florentin et avec M. de Voyer (d'Argenson). Aujourd'hui, ceux qui composent principalement sa partie sont :

« Le comte d'Esparbès, le marquis de Souvré, le chevalier de Bezons, le marquis de Seignelay, le marquis de Ximenès, le comte de Villegagnon, M. de Puységur, le jeune duc de la Trémoille, M. de Viarmes, fils du conseiller d'Etat, M. Thiroux de Montregard, et nombre d'autres, dont les noms ont échappé à la vigilance de la dame Aubouy et de la dame Castoldy, auxquelles nous sommes en partie redevable de l'énumération que nous venons de faire.

« Au demeurant, la demoiselle de Montansier ne s'en défend pas; elle prétend, au contraire, en embellir ses fastes. Et, comme elle dit avoir adopté le système de la présidente Carton, qu'il n'y a pas de plus grand plaisir, dans ce métier, que de faire sa fortune en détail, elle cherche l'occasion d'étendre ses conquêtes du pôle arctique au pôle antarctique. Cependant, on doute qu'elle thésaurise : tout l'éclat qui l'environne est très superficiel, et, quoiqu'elle ait toujours un carrosse de remise au mois, un laquais, une femme de chambre et une cuisinière, on ne la croit rien moins qu'à son aise.

« Aux plaisirs du lit, elle fait précéder ceux de la table. On soupe chez elle presque tous les jours, et, ordinairement, on ne se sépare, après grand vin, grande chère et grand bruit, qu'à trois ou quatre heures du matin.

« Ces sortes de parties sont singulièrement du goût du marquis de Souvré, qui s'y livre tout entier. On rapporte à ce sujet que, le 6 de ce mois, il insulta nommément une certaine dame Dumesnil, qui demeure encore dans cette maison, directement au-dessus de la demoiselle de Montansier, et que, comme ses propos furent offensants, il fut question de requérir le transport d'un commissaire pour en imposer au marquis de Souvré et à un conseiller du Châtelet (qu'on désigne *grand* et *laid*) qui était de ce même souper. Le commissaire ne jugea pas à propos de se lever. Le marquis de Souvré, un peu gonflé de nourriture, criait, dit-on, par la fenêtre : « Où donc est-il, ce commissaire, qu'il ne vient pas ? »

« On pense bien que la demoiselle de Montansier seule serait fort embarrassée de faire face, du moins tout à la fois, à tant de monde. C'est pourquoi la demoiselle Grenier la cadette, la demoiselle Sarrazin, la demoiselle Crépy et quelques autres viennent lui prêter la main lorsque les circonstances l'exigent. Néanmoins elle a encore, pour son compte, deux greluchons, le petit Dorfeuil et le sieur de Rostang, de Grenoble.

« Pour homme d'affaires en tous genres, elle a le sieur Davroust, duquel nous avons déjà eu plusieurs fois occasion de parler.

« La demoiselle de Montansier est d'une taille ordinaire, médiocrement bien faite, blanche de peau, les yeux assez bien, le nez un peu gros, la bouche et le parler agréables, de la gorge, la main jolie, amusante et s'énonçant bien. »

A ce curieux portrait Meusnier ajoute, le lendemain même, le post-scriptum suivant :

« *Rue Saint-Honoré.* — La demoiselle Brunet de Montansier vient de se brouiller avec le comte d'Esparbès. Avant-hier, 23 de ce mois, il lui a repris deux juments qu'il lui prêtait pour faire rouler son carrosse, et il ne met plus le pied chez elle. On prétend qu'il a été remplacé par le marquis de Seignelay, qui doublait déjà le poste. »

Des rapports ultérieurs de police confirment, sur Marguerite, les appréciations nettes de Meusnier; ils émanent, ceux-là, de Marais, commissaire du Palais-Royal, ou de ses collègues.

Comme Berrier, son prédécesseur, le lieutenant de police Sartines avait soin de combattre, chaque matin, l'ennui du vieux roi Louis XV par le récit des anecdotes de la veille. Le plus souvent galantes, ces anecdotes, collectionnées par des inspecteurs spéciaux, constituaient un vivant tableau de ce Paris du XVIIIe siècle où venait déjà s'égayer toute l'Europe aristocratique. Louis XV prenait goût à un passe-temps qui lui permettait, sans quitter sa couche, de savourer les jouissances nomades du calife Haroun, et sa mémoire s'y exerçait si bien que ses familiers ne pouvaient paraître au petit lever sans avoir la surprise, souvent peu agréable, de l'entendre conter leurs secrètes équipées. Voici, dans le volume publié du *Journal des Inspecteurs de M. de Sartines*, la part faite à l'aimable fille indifféremment désignée sous deux noms faciles à confondre : Montansier, Montpansier.

« *Du 2 octobre 1761.* — J'ai annoncé, dans mes notes du 18 septembre dernier, que M. de Cramayel, fermier général, avait fait une passade avec la demoiselle Montansier, dont il s'était très bien trouvé, et qu'il avait payée trente louis d'or. Effectivement il a rompu entièrement avec la demoiselle Dumirey, figurante à l'Opéra, qu'il entretenait depuis nombre d'années à gros frais, malgré toutes ses infidélités, et s'est chargé entièrement de la Montansier.

« *Du 23 octobre.* — On est informé présentement des raisons que M. de Cramayel a eues de quitter Mlle Dumirey. Après avoir eu la patience d'observer son logis depuis 7 heures du soir jusqu'à 5 heures du matin, il en vit sortir M. de Montville, grand-maître des eaux et forêts. On prétend aussi que c'est la Montansier qui lui a donné cet avis et que, par reconnaissance, le financier a pris cette demoiselle pour maîtresse. La Montansier triomphe et se promet bien de profiter de la bonne fortune que son infidélité à son amie lui a fait rencontrer.

« *Du 18 décembre.* — Le 12, M. de Jumilhac, colonel du régiment de Royal-Marine, avec M. de Saint-Jean, son cousin, guidon de gendarmerie,

et un de leurs amis, ont soupé à la petite maison
de la Héquet, avec les demoiselles Montansier,
Vaugland, Henriette et L'Etoile, ses pensionnaires.

« *Du 1ᵉʳ janvier 1762*. — M. le marquis de
Duras est enfin parvenu à se brouiller avec toute
sa famille; ses amis mêmes sont révoltés de la
conduite qu'il tient. Tous les jours il est enterré
à la Petite Pologne, dans une petite maison qu'il
loue au nommé Leroy, marchand de beurre, avec
la demoiselle Montansier. Le sieur Dubarry a
soin de s'y trouver avec la demoiselle Beauvoi-
sin, sa maîtresse, et d'y rassembler en hommes
bonne compagnie. On m'a même assuré qu'on y
jouait souvent. J'aurai soin de faire observer
cette maison et je rendrai compte de ce qui s'y
passe.

« *Du 15 janvier*. — Le 12, M. Gautier, riche
Américain, avec deux officiers de marine, ont
soupé à la petite maison de la Héquet, avec les
demoiselles Henriette, Montpansier et Belle-
court.

« Le 13, MM. le marquis de Vaudreuil, le marquis de Choiseul et M. de Fitz-James ont soupé
à la même petite maison avec les demoiselles
Montpansier et L'Etoile.

« *Du 11 mars 1763.* — La demoiselle Montansier, connue depuis si longtemps dans le peuple galant, prétend que la rosée de la jeunesse soutient ses vieux appas et donne une fraîcheur à son teint qui surpasse tous les talents de la toilette. C'est pourquoi elle s'est chargée d'enseigner les premiers éléments de la galanterie à M. de Saint-Contest, jeune homme d'environ dix-huit ans, fils de M. de Saint-Contest, ministre des Affaires étrangères. Cette demoiselle conserve néanmoins le sieur Duquesnay pour contenter la grosse faim. »

M. de Saint-Contest fit mieux que contribuer au rajeunissement physique de la Montansier. Homme distingué, aimant et comprenant l'art dramatique, il dirigea vers l'exploitation raisonnée de cet art les facultés actives qu'il découvrit en sa maîtresse, en lui faisant d'abord attribuer le privilège du théâtre de Nantes.

Ici prend fin la vie exclusivement galante de Marguerite Montansier. Sans qu'elle se convertît, nous l'allons voir désormais employer, à des objets plus nobles, l'imagination ardente, le génie inventif, à la fois avide et prodigue, qui font d'elle, en dépit de tares avérées, un intéressant personnage.

III

Nantes. — Mlle Montansier actrice. — Rencontre de
Bourdon-Neuville. — Ce qu'était le nouveau venu.
— La direction théâtrale de Versailles. — Début de
Neuville au Théâtre-Français. — La salle Satory.
— Etude critique de Neuville dans divers rôles. —
Fleury. — Fragment de ses *Mémoires*. — Une aven-
ture galante.

La ville où Mlle Montansier fit l'essai de
ses talents directoriaux vit aussi ses débuts
comme actrice. Elle y joua la *Nanine* de Voltaire
et plusieurs soubrettes de l'ancien répertoire, mais
son accent gascon et sa taille un peu ronde lui
étaient des obstacles dont elle comprit elle-même
la fâcheuse importance; elle se confina donc
bientôt dans son rôle administratif, en s'initiant
toutefois aux finesses de la scène, si bien qu'elle
devint, pour ses pensionnaires, une excellente
institutrice.

Mlle Montansier fit à Nantes la rencontre de l'homme qui devait, pendant nombre d'années, être pour elle le plus précieux des associés; il se nommait Bourdon-Neuville et était comédien.

Dans les notices écrites déjà sur notre héroïne, on n'a généralement fait à son compagnon qu'une part insuffisante; réparons cette choquante injustice.

Honoré Bourdon, dit Nœuville ou Neuville, était né à Doude-Fontaine, le 31 mai 1736. Capitaine de cuirassiers au service de l'Autriche, il avait, vers la trentième année, abandonné cette carrière pour celle du théâtre. Assez beau garçon, il portait agréablement le costume et jouait à l'ordinaire les premiers rôles tragiques. Mlle Montansier s'éprit de lui et le conquit sans grande peine. Etre l'amant d'une directrice est le rêve de tout acteur; de bons appointements, de beaux rôles en résultent et, quand l'amoureuse a, comme Marguerite, de puissants protecteurs, la gloire peut compenser d'avantageuse façon les complaisances dictées par la situation. Mais la gloire, ce n'est pas en province qu'elle s'acquiert; aussi la Montansier, désireuse de produire dans un autre milieu le premier homme qu'elle eût aimé sans intérêt, sollicita-t-elle le privilège du théâtre de Versailles.

Séjour ordinaire de la cour de France, Versailles représentait, pour Marguerite, la société galante où elle comptait bien figurer encore; c'est de plus à Versailles que, par un singulier usage, s'effectuaient les débuts des acteurs tragiques aspirant à la Comédie-Française.

Pourvue, de par M. de Saint-Contest, d'un nouveau privilège, Mlle Montansier s'installa d'abord dans un petite salle située rue de Satory; elle fit jouer là Neuville, pour lequel bientôt elle obtint un ordre de début à Paris. Ce début, par malheur, n'eut pas le résultat qu'en espérait le couple; nous lisons en effet, dans la *Correspondance de Grimm*, ces lignes significatives :

« *Janvier 1768*. — M. Neuville, acteur de province, a débuté dans les grands rôles tragiques. Il a fort déplu au parterre et à moi aussi. Je n'ai rien dit, mais le parterre a hué. Ceux qui ont vu jouer cet acteur en province prétendent qu'il a du talent et que c'est la mauvaise réception du public de Paris qui lui a fait perdre la tête. Ils conviennent qu'il est d'une vanité insupportable; elle est rarement accompagnée de talent. Ce que je sais, en attendant que je sache à quoi m'en tenir sur le talent de M. Neuville, c'est qu'il a la tête enfoncée entre les épaules, ce qui lui donne sur le théâtre l'air d'un bossu insolent. »

Force fut donc à M^llo Montansier de se contenter de placer Neuville à la tête de sa troupe versaillaise. Le théâtre Satory avait pour public surtout des gens d'écurie, de cuisine, perruquiers et valets, dont le goût n'était pas des plus éclairés. Neuville plaisait là, en dépit de défauts très graves, signalés par le *Journal des Théâtres* dans l'intéressant article qui suit :

« Le sieur Neuville remplit l'emploi des premiers rôles. Son extérieur et sa taille sont bien, mais sa figure a de la dureté, et sa voix en prend presque toujours le caractère. On le dit amoureux par passion de son état; en effet, on le voit toujours sur la scène, c'est une preuve non équivoque de la vérité de son zèle; cette ardeur doit inspirer le désir d'arriver à la perfection. En a-t-il saisi les moyens? Y a-t-il réussi? On dit qu'il le croit; je ne m'en aperçois pas encore.

« Autant l'amour-propre bien dirigé est utile, autant il est pernicieux quand il n'est que le résultat d'une prétention mal assise. Le désir de la gloire élève l'homme, la présomption l'écrase; c'est de tous les défauts le plus funeste à un comédien, ce n'est malheureusement pas le plus rare.

« Toujours monté sur des échasses, toujours au delà du vrai, le sieur Neuville n'a pas voulu observer que cet air d'importance et de grandeur ennuie bien plus qu'il n'en impose; qu'il n'y a point de déclamation sans nuances; que, quand on a la voix naturellement dure, on ne peut se donner trop de soins pour adoucir par l'art ce défaut de nature; que le sieur Lekain a su le vaincre, et qu'on acquiert de la gloire à profiter de ses leçons et de son exemple.

« A la dureté de sa voix, cet acteur joint encore une dureté dans le geste qui détruit tout ce que sa taille peut présenter d'agréable, indépendamment de son usage de se tenir toujours trop près de l'acteur, de le serrer, de lui parler dans le visage, ce qui, vis-à-vis d'une femme surtout, n'est ni respectueux ni décent. Ses gestes familiers sont, tantôt d'avoir un bras élevé à la hauteur de son épaule, de lè tenir raide comme une barre; tantôt de les élever tous deux à cette même hauteur; de donner à son corps la forme d'une croix; d'avoir souvent les reins pliés, la tête et le menton avancés, attitude qui n'a nulle grâce, et qui fait perdre au sieur Neuville tous ses avantages.

« Ainsi, dureté dans la figure, dureté d'organe, dureté dans le geste; à quoi tout cela sert-il ? A faire peur aux enfants, à attraper les imbéciles et à rebuter les gens de goût.

« Il serait extraordinaire que le jeu de cet acteur ne se ressentît pas de ces défauts; aussi n'a-t-il point d'expression : si quelquefois il fixe l'attention dans des instants de représentation ou de raisonnement, jamais il n'attendrit, et je l'assure qu'avec ces moyens il n'attendrira jamais personne.

« On lui donne de l'esprit; comment se permet-il des contresens absurdes? Dans le rôle d'Auguste, par exemple, le sieur Neuville, après avoir convaincu Cinna de son ingratitude, de sa perfidie, de son horrible attentat contre la personne de son bienfaiteur, Cinna, absorbé par la honte du reproche de son crime découvert, par la crainte du supplice qui l'attend, peut-il être soupçonné de perdre un seul mot du discours d'Auguste? Le sieur Neuville le suppose sans doute; après la tirade, il s'approche de cet ingrat ami, le tire par l'épaule et lui dit : *Soyons amis, Cinna...* Ah! M. Neuville, quel éclat de foudre pouvait mieux se faire entendre de ce criminel, et quel besoin Cinna avait-il de votre geste?

« Pourquoi le sieur Neuville, dans ce rôle et dans tous ceux qu'il joue, débite-t-il avec une lenteur fatigante? Pourquoi coupe-t-il souvent

le premier hémistiche, ayant moins l'air de manquer de mémoire que de chercher à se complaire
en s'écoutant parler, défaut énorme dans la déclamation? Pourquoi s'arrête-t-il de temps en
temps, sans d'autre raison que celle de prétendre
à un applaudissement, calcul qui le trompe souvent, qui interrompt son discours, refroidit l'action, rend le débit lourd et gauche, petit moyen
fait pour indisposer le spectateur bien plus que
pour l'attacher? Le sieur Neuville a encore l'habitude de jeter précipitamment les deux ou trois
derniers vers de chaque tirade, de les dire dans
le plus bas de sa voix, de manière à n'y être jamais entendu. Est-ce que le sieur Neuville ne sait
pas que ce sont toujours ces trois vers que le
public attend, qu'il est trompé quand on les lui
fait perdre, qu'il s'indispose contre l'acteur et
que cela nuit à son succès?

« Dans les rôles du *Méchant*, du *Métromane*,
dans celui d'Edouard, du mauvais drame de
l'Héloïse anglaise, le sieur Neuville a mérité
quelques applaudissements; malheureusement on
y rencontre les défauts inséparables de son physique, mais en général il joue ces trois rôles avec
assez de raisonnement et de vérité.

« Dans la *Surprise de l'amour*, le sieur Neuville est toujours outré; il a plutôt l'air d'un

homme fort en colère que d'un homme chagrin et de mauvaise humeur; assurément ce n'est pas là l'esprit de ce rôle, il le joue tout entier à contresens.

« Cet acteur joue dans *la Gageure* avec esprit; c'est la pièce dans laquelle il m'a paru le plus constamment dans le sens de son rôle; il est vrai que ce rôle est de peu d'importance, mais c'est toujours un mérite que de bien faire ce que l'on fait. J'y ai cependant reconnu deux fautes qu'il peut facilement corriger. Quand la marquise de Clairville, surprise par le retour de son mari, engage le sieur Neuville à se cacher dans le cabinet, il lui répond : *Avec plaisir;* je ne vois pas la nécessité de mettre à ces deux mots une importance, un mystère, un air de bonne fortune et une affectation que j'appelle indécente vis-à-vis d'une femme honnête, qu'il ne peut que supposer telle, dont il va devenir le neveu, à laquelle il ne peut avoir l'intention de manquer. Quand il sort du cabinet, c'est tout autre chose : singeries pour en sortir, singeries dans ses révérences, singeries pour gagner l'escalier dérobé. Est-ce là le ton de la bonne comédie? Non, sans doute; ces petits ridicules sont très mal vus du public, il est facile de les lui épargner... »

Cette critique anonyme nous renseigne amplement sur la valeur artistique de Bourdon-Neu-ville; si contestable qu'elle fût, elle valait des bravos au chef d'emploi d'une troupe qui comptait d'ailleurs des sujets distingués comme Mlle Colomb aînée, Mme Saint-Aubin, alors très jeune, MM. Granger, La Rochelle et Fleury. Ce dernier a tracé, dans ses *Mémoires*, un curieux portrait de la directrice versaillaise. — « C'était, dit-il, une femme charmante que la Montansier! Méridionale de toutes les manières, méridionale d'accent, de gestes et de sentiments; pas trop jeune lorsque je la vis, mais mieux que jeune; plus agaçante que jolie; plus d'esprit naturel que d'esprit cultivé, et surtout de cet esprit qui, se permettant beaucoup, rencontre quelquefois... En ce qui concernait les artistes, cette fameuse directrice était très bonne pour ses pensionnaires : juste autant que sa mauvaise tête le lui permettait, mais pas le moins du monde amie de l'ordre. Je ne sais, en vérité, quel temps elle prenait pour le repos! Le jour était donné au plaisir et à sa direction, et la nuit au jeu, passion qui était chez elle une fureur!... »

Pendant son séjour chez Mlle Montansier, il advint à Fleury une aventure qui caractérise les mœurs de l'époque.

Il s'était épris d'une jeune actrice, Mlle Besse,

fort appréciée des chevau-légers du roi Louis XV ;
distingué par sa camarade, il eut l'imprudence
d'étaler son bonheur avec une certaine fatuité.
Les officiers s'en piquèrent et certain soir atten-
dirent, armés de bâtons, leur indiscret rival.
Fleury, qui venait de jouer *Tancrède*, avait au
côté son épée de théâtre avec laquelle il fit de son
mieux pour éviter l'outrage. Au bruit, la garde
survint et arrêta cinq des agresseurs. Appelé
quelques jours plus tard chez le duc de Duras,
Fleury demanda qu'on fît paraître devant lui les
coupables et, s'avançant vers eux :

— Messieurs, leur dit-il, vous avez voulu m'assassiner et je ne sais pas transiger avec l'honneur ; venez me combattre l'un après l'autre ou
soyons amis.

Les chevau-légers furent touchés de ces paroles
au point de se jeter dans les bras du comédien.
Louis XV apprit avec satisfaction l'heureux dé-
nouement d'une affaire dont s'étaient émues la
cour et la ville ; il fit mander Fleury pour lui
dire : « Vous êtes un brave jeune homme », et le
couvrit dès lors de sa toute-puissante protection : elle conduisit bientôt l'acteur au Théâtre-
Français, où l'attendait la gloire.

IV

Mlle Montansier à la suite de la Cour. — Elle fait
construire une nouvelle salle. — Mort de M. de
Saint-Contest. — Marie-Antoinette. — Cynisme
ou légèreté? — Un mari platonique. — Plaisirs dangereux. — Une équipée. — Trianon. — Désaffec-
tion du peuple. — Joseph II censeur. — Louis XVI
s'éprend de la reine. — Une soupe aux choux. —
Marie-Antoinette admet la Montansier dans son intimité. — La reine comédienne. — Une Gasconne
sans accent.

Après quelques années d'exploitation heureuse
dans la petite salle de la rue Satory, l'ambition
vint à Mlle Montansier de posséder une scène plus
vaste et mieux située. M. de Saint-Contest et
d'autres servirent ce désir. Elle obtint grâce à
eux, de Louis XVI, le droit exclusif de donner
des spectacles à Versailles et de suivre la cour
dans ses voyages, à la condition d'édifier une

salle « suivant les plans, symétries, décorations et alignements approuvés par Sa Majesté, et ce dans l'espace de deux années à partir du 1er janvier 1776, sous peine de nullité dudit privilège ».

Joyeuse de cette faveur, Mlle Montansier acquit, rue des Réservoirs, un terrain sur lequel Boullet, machiniste du roi et de l'Opéra, construisit une salle dont le plan avait été fait par Heurtier, plus tard membre de l'Institut. Sa façade était simple, son intérieur agréable. Le plafond, de Bocquet, représentait la Tragédie, la Comédie et, au milieu, Apollon sur son char éclairant les talents lyriques. Terrain et construction revenaient à la somme de 351,264 livres.

L'inauguration du nouveau théâtre eut lieu le 19 septembre 1777, avec un prologue en vers de Joseph Aude, *la Fête des Muses*, et *la Métromanie*. Louis XVI et Marie-Antoinette honorèrent de leur présence ce spectacle où figuraient, comme interprètes, Neuville, Florence, Patrat, Bonafons, La Rochelle, Perseval, Bérard, Amiel, Lecoutre, Granger, Lahaye, Mmes Pitrot et Pezay.

Quelques jours après cette solennité, M. de Saint-Contest mourut, âgé de trente-deux ans. Le coup était dur pour Mlle Montansier, qui perdait en lui un ami sûr, influent et très riche; par bonheur le sort lui avait, depuis quelque temps, assuré la plus puissante des protections.

Nous abordons ici un chapitre scabreux, celui des relations qui durèrent, pendant treize ans au moins, entre la reine de France et une femme dont la vie scandaleuse n'était pour personne un mystère. Y eut-il là, comme on l'a dit, cynisme ou, comme nous le croyons, simple imprudence? Disons les faits et jugeons-les sans parti pris.

Quand Marie-Antoinette vint en France, elle avait quatorze ans et demi. Marie-Thérèse d'Autriche sachant sa fille tendre, généreuse, mais paresseuse, légère et avide de plaisirs, éprouvait, en se séparant d'elle, une vive appréhension. Il fallait remonter jusqu'à Louis XIII pour trouver en la cour de France quelque moralité. Le dauphin, qu'épousait la frêle archiduchesse, avait échappé à la corruption générale, mais c'était aussi presque un enfant et la cour de Versailles, frivole et de mauvais renom, inquiétait à distance. Aussi l'impératrice avait-elle prodigué les conseils les plus sages à sa fille, l'exhortant surtout à être pour son mari « complaisante, douce et amusante ». Mais, à peine présentée, la dauphine se trouva dans une situation délicate que compliquait encore son inexpérience. Elle devint l'objectif de divers partis qui cherchèrent à s'emparer de son esprit pour la faire servir à l'accomplissement de leurs desseins contradictoires. Fatiguée d'intrigues la jeune femme, pour y échapper, voulut s'amuser, jouir de tous les divertissements que sa nouvelle situation rendait possibles.

Mais la raison qui contribua le plus à jeter Marie-Antoinette dans la vie de futilités qu'on lui a tant reprochée, fut l'attitude étrange de son époux. Le dauphin n'était pas méchant, mais son caractère était sombre et sa timidité extrême. Trouvant comme tout le monde sa femme séduisante, il s'obstinait à ne le lui pas témoigner et lui créait ainsi une position très embarrassante.

L'héritier de Louis XV ne rachetait pas ses torts conjugaux par l'élégance de ses manières ou le charme de son esprit. Passionné pour les exercices violents, il chassait à courre jusqu'à ce qu'il fût complètement épuisé et rentrait alors dans un état pitoyable. Il mangeait en outre avec gloutonnerie et se donnait souvent des indigestions de friandises. Quelle compagnie pour une princesse jeune, belle, aimable, que ce mari platonique, brutal et vorace!

Devenue reine de France cinq ans après son union, Marie-Antoinette devait rester sur le trône ce qu'elle avait été dauphine, ennuyée et frivole. Elle conserva toujours l'étourderie et la soif de plaisirs dont s'était justement préoccupée sa mère. Un penchant prononcé à la raillerie lui faisait beaucoup d'ennemis; toutefois, douée de tcus les agréments de son sexe, sensible et bienfaisante, elle soulevait sur ses pas l'admiration des seigneurs et la sympathie du peuple. A ces triomphes flatteurs la retenue bizarre de son seigneur et maître faisait vraiment un trop violent contraste. On ne s'étonna donc pas de voir la jeune souveraine chercher à oublier les tristesses de son intérieur en s'entourant d'une coterie féminine qui, l'enserrant peu à peu, finit par ne laisser personne arriver jusqu'à elle. La princesse de Lamballe, Mme de Guéménée, Mme de Polignac se succédèrent dans le rôle de favorites. En même temps la reine essayait des plus étranges amusements.

Le jeu d'abord la captiva. Elle commença par jouer au lansquenet chez ses amies, puis organisa, à la cour même, des parties de pharaon auxquelles on admit des professionnels. Certains scandales en résultèrent ; un jour, par exemple, on s'aperçut que les dés dont on se servait étaient marqués; une autre fois le portefeuille bien garni d'un seigneur disparut, sans qu'il fût possible de le retrouver.

Les courses de chevaux sollicitèrent ensuite

l'attention de Marie-Antoinette. Ce sport, importé d'Angleterre, était l'occasion de paris, de folies où se compromettait gaîment la dignité royale.

Le bal, plus tard, remplaça dans les goûts de Marie-Antoinette le jeu et les courses; non le bal de cour, ennuyeux puisque compassé, mais le bal public, bruyant, où tous les rangs se confondaient. A chaque instant, pendant le carnaval, la reine quittait Versailles pour aller, avec des amis, au bal masqué de l'Opéra. Comment s'y tenait-elle? Bachaumont, contant l'équipée d'un inconnu qui avait singulièrement réjoui Sa Majesté, va nous le dire :

« Ce masque était vêtu comme une poissarde, avec une coiffure déchirée sur la tête, et le reste de l'habillement à proportion. Dès que la reine a paru, il est venu au bas de sa loge et l'a entreprise avec une familiarité singulière, l'appelant Antoinette, et la gourmandant de n'être pas couchée auprès de son mari qui ronflait en ce moment. Il a soutenu la conversation que tout le monde entendait sur ce ton de liberté. Il y a mis tant de gaîté et d'intérêt que Sa Majesté, pour mieux causer avec lui, se baissait et lui faisait presque toucher sa gorge. Après plus d'une demi-heure de propos, elle l'a quitté, en convenant qu'elle ne s'était jamais tant amusée; et, sur ce qu'il lui reprochait de s'en aller, elle lui a promis de revenir, ce qu'elle a fait. Le second entretien a été aussi long et aussi public, et cette farce a fini par l'honneur qu'a eu l'inconnu de baiser la main de la reine, familiarité qu'il a prise sans qu'elle s'en soit offensée... »

A ces plaisirs fiévreux succédèrent, chez Marie-Antoinette, un réel enthousiasme pour la vie champêtre. Trianon profita de ce dernier caprice; elle s'y travestit en fermière et déguisa de même les seigneurs et les dames de la cour. Elle eut des moutons ornés de rubans roses et fit des fromages sur des tables de marbre blanc, dans des ustensiles en porcelaine de Sèvres. Pour comble on bâtit, dans une petite île, un temple à l'amour, où se nouaient à l'aise les intrigues.

Louis XVI ne prenait part à aucune des folies de la reine, mais il les tolérait et soldait sans récriminer les dépenses qu'elles occasionnaient. Ces dépenses étaient grandes, et les philosophes opposants ne se gênaient point pour dire qu'elles conduiraient la France à une banqueroute. Le peuple, à qui le récit de ces choses arrivait grossi, envenimé, se désaffectionnait de jour en jour et n'accueillait plus la reine, autrefois si fêtée, que par un silence de glace.

Renseignée et conséquemment inquiète, Marie-Thérèse envoya en France son fils Joseph II, pour tâcher de porter remède à cette situation menaçante.

Joseph II, voyageant sous le nom de comte de Falkenstein, arriva à Paris au mois d'avril 1777, et voulut juger par lui-même des inconvénients que pouvaient avoir les distractions accoutumées de sa sœur.

Elle le conduisit un soir chez Mme de Guéménée; on y joua au pharaon et l'on offrit au noble étranger de prendre part au jeu : « Non, répondit sèchement l'empereur, je ne suis point assez riche; d'ailleurs le jeu fait entrer dans nos appartements des gens qui sont faits pour rester dans l'antichambre. » — Et, en se retirant, il déclara à Marie-Antoinette que cette maison était un vrai tripot, que le mauvais ton de l'assemblée et l'air de licence qui y régnait l'avaient scandalisé.

On le fit assister à une course de chevaux et, bien que sa présence inspirât beaucoup de réserve, il se choqua du désordre et de l'extrême familiarité qui régnaient dans cette sorte de divertissements.

Ces deux expériences suffisaient. A leur suite Joseph II fit à sa sœur une sévère morale sur les incorrections de sa conduite, sur les dangers de la société dont elle s'entourait, sur les conséquences qu'entraînerait sûrement sa légèreté. Il y eut entre eux des scènes orageuses; enfin, s'inclinant devant l'autorité de son frère, la reine de France promit de s'amender.

L'empereur qui jugeait sa sœur peu réfléchie, mais au fond vertueuse, se rendait compte des difficultés que créaient à Marie-Antoinette ses entours, la famille royale hostile, le roi lui-même. — « Cet homme, disait-il de Louis XVI, est un peu faible, mais point imbécile; il a des notions, du jugement, mais c'est une apathie de corps comme d'esprit. Il n'a aucun goût de s'instruire, ni curiosité : enfin, le *fiat lux* n'est pas venu, la matière est encore en globe. »

Joseph II n'avait pas seulement pour mission de morigéner sa sœur, il devait encore provoquer ce *fiat lux* dont il parle et engager le prince à renoncer enfin à la réserve étrange qu'il observait à l'égard de la reine. De ce côté, du moins, il obtint un succès complet car, d'une extrême froideur, Louis XVI passa presque aussitôt à une ardeur passionnée. Qu'y gagna la morale? Simplement ceci que le roi approuva par amour ce qu'il avait jusque-là toléré par mollesse, et qu'il se prêta même complaisamment au goût dont la reine fut, à bref délai, saisie pour les jeux du théâtre.

Ce goût, Marie-Antoinette l'avait éprouvé déjà quand elle était dauphine, mais elle n'avait osé alors s'y livrer qu'en secret, si bien que ni le roi ni le comte de Mercy-Argenteau, surveillant la reine pour le compte de Marie-Thérèse, n'avaient soupçonné ces timides essais. Devenue reine, elle contenta d'abord son penchant par la multiplicité des spectacles donnés dans les palais royaux; puis, son caractère léger reprenant le dessus, de petites escapades la tentèrent. Elle fit alors retenir à l'année une baignoire d'avant-scène au théâtricule que Mlle Montansier dirigeait à Versailles, et s'échappa souvent, *incognito*, de ses appartements pour aller, avec Mme de Lamballe, entendre là un opéra-comique ou une comédie joyeuse. Un soir, pendant la représentation des *Moissonneurs*, de Favart, l'odeur de la soupe aux choux que mangeaient en scène les acteurs sembla si bonne à l'auguste dame qu'elle demanda s'il lui serait possible d'en avoir une part. On devine l'empressement mis à satisfaire ce caprice.

Avec son ordinaire habileté, Mlle Montansier profita de l'incident pour faire sa cour; elle plut et, pour amuser la reine, se fit maintes fois

auprès d'elle l'écho spirituel des bruits des coulisses ou du monde.

Vraisemblables sinon vraies, ces anecdotes
intéressèrent la reine au point que, ne pouvant
s'en passer, elle donna à la conteuse son entrée
aux petits levers. Dans son lit Marie-Antoinette
— comme jadis Louis XV aux lectures de M. de
Sartines — s'égayait des scandales présentés
avec art par la Béarnaise.

Rien là, sans doute, de bien coupable; il est
permis pourtant de regretter qu'en recevant fami-
lièrement une dévergondée notoire, Marie-Antoinette n'ait pas craint les haineux commentaires
des censeurs dont, plus qu'aucune, sa cour était
environnée. Ils n'y faillirent ni à l'époque ni plus
tard, et nous verrons bientôt, dans des pamphlets, le nom de la reine fâcheusement accolé
à celui de la Montansier.

Cette dernière, du moins, faisait son personnage en flagornant à l'occasion un sexe ou l'autre
et en tirant parti des sympathies par ses soins
éveillées. Nous l'avons vue déjà obtenir du roi
— par la reine — le titre de directrice des spectacles à la suite de la cour. Cette fonction, qui
la maintint en rapports constants avec Marie-
Antoinette, n'était pas une sinécure. — « Il y
avait souvent à Choisy, dit, dans ses *Mémoires*,

Mme Campan, femme de chambre de la reine, spectacle deux fois dans la même journée, grand opéra, comédie française ou italienne à l'heure ordinaire, et, à onze heures du soir, on rentrait dans la salle de spectacle pour assister à des représentations de parodies, où les premiers acteurs de l'Opéra se montraient dans les rôles et sous les costumes les plus bizarres. » — Quand le château royal manquait de théâtre, ordre était donné d'en improviser un. On lit, par exemple, dans les *Mémoires secrets*, à la date du 5 juin 1778 : « La reine aime tellement le spectacle que, pour l'amuser, il a fallu former à Marly à la hâte une salle de comédie dans une grange. C'est la demoiselle Montansier et la troupe de Versailles qui viennent la desservir. Les gens de la cour se plaignent d'y être fort mal à l'aise. » — Comme la cour, d'ailleurs, la France entière n'était qu'une vaste scène où toutes les classes s'évertuaient pour satisfaire une véritable fureur dramatique. Ce goût désordonné devait naturellement amener la reine à désirer publiquement faire ce que n'avait osé qu'en secret la dauphine. Cela s'exécuta à Trianon, pendant l'été de 1780, dans les conditions que nous a transmises une contemporaine :

« L'idée de jouer la comédie, comme on le

faisait alors dans presque toutes les campagnes,
suivit celle qu'avait eue la reine de vivre à
Trianon dégagée de toute représentation. Il fut
convenu qu'à l'exception du comte d'Artois,
aucun jeune homme ne serait admis dans la
troupe, et qu'on n'aurait pour spectateurs que le
roi, Monsieur, et les princesses qui ne jouaient
pas; mais que, pour animer un peu les acteurs,
on ferait occuper les premières loges par les
lectrices, les femmes de la reine, leurs sœurs et
leurs filles. Cela composait une quarantaine de
personnes.

« Louis XVI assistait à toutes les représentations, on l'attendait souvent pour commencer.
Caillot, acteur célèbre, retiré depuis longtemps
du théâtre, et Dazincourt, connus l'un et l'autre
par des mœurs estimables, furent choisis pour
donner des leçons : le premier pour l'opéra-comique, dont le genre plus facile fut préféré, le
second pour la comédie...

« Tant qu'on n'admit personne à ces représentations elles furent peu blâmées; mais l'exagé
ration des compliments augmenta l'idée que les
auteurs avaient de leurs talents, et donna le
désir d'obtenir plus de suffrages. La reine permit aux officiers des gardes du corps et aux
écuyers du roi et de ses frères d'entrer à ce spec-

tacle; on donna des loges grillées à des gens de la cour; on invita quelques dames de plus; des prétentions s'élevèrent de toutes parts pour obtenir la faveur d'être admis. La reine refusa d'y recevoir les officiers des gardes des princes, ceux des cent-suisses du roi, et beaucoup d'autres personnes qui furent très mortifiées.

« La troupe était bonne pour une troupe de société, et l'on applaudissait à outrance; cependant, en sortant, on critiquait tout haut... »

Comme opposition au majestueux rang qu'elle tenait dans le monde, Marie-Antoinette adoptait au théâtre les rôles de soubrette : Gotte dans *la Gageure imprévue*, Jenny dans *le Roi et le Fermier*, Colette dans *le Devin de village;* on pourrait s'étonner alors que, liée avec la Montansier, elle n'eût point réclamé les conseils de celle-ci qui jadis avait joué les mêmes personnages; mais il faut remarquer que les grands, familiers à l'écart avec « les histrions », les tenaient en public à respectueuse distance. Moins hypocrites que celles des autres classes, les mœurs des comédiens en paraissaient plus viles et fournissaient aux gazetiers les plus libres de leurs anecdotes. Comment la reine eût-elle, au su de tous, osé prendre leçon d'une femme dont, vers le même temps, Théveneau de Morande disait :

« On a découvert que Mlle Montansier, qui feignait de n'être que directrice de troupe, s'entendait avec Mmes Montigny, Gourdan, etc., pour faire la commission dans les provinces.

« Mlle Montansier ne fait pas des petits marchés, mais elle est traitable pour les négociations qui en valent la peine. »

Ecartée comme institutrice, Mlle Montansier n'en était pas moins en faveur grande. On sait que Louis XVI et Marie-Antoinette avaient assisté à l'inauguration de sa nouvelle salle des Réservoirs; cette flatteuse visite se répéta fréquemment, surtout après la construction du Garde-Meuble, lorsqu'un corridor allant du château à ce bâtiment permit aux souverains de se rendre, à pied et sans être vus, des appartements dans leur loge.

Quels que fussent ses vices privés, Mlle Montansier, de l'avis de tous, était comme directrice au-dessus des critiques. Son théâtre, qui représentait souvent des ouvrages inédits, était une école de bonne comédie. Il en sortit des sujets remarquables comme Saint-Prix, Dazincourt, Tiercelin, Mlle Joly, Mme Crétu; Mlle Mars, encore enfant, y débuta.

Une preuve certaine des bonnes grâces conservées par la reine à Mlle Montansier nous est
fournie par un fait publié au cours de l'année
1782. On montait *Pourceaugnac* au château de
Versailles, et Marie-Antoinette témoigna le désir
que sa protégée y remplît le rôle de la feinte
languedocienne. Bien que depuis quinze ans elle
eût quitté les planches, Mlle Montansier se prêta
à la royale fantaisie, mais une émotion com-
préhensible modifia l'accent qu'on avait cru
devoir la servir : « Jamais, disait-elle plus tard
à ses amis, je n'ai mieux parlé français que ce
jour-là. »

V

Nouvelle faveur. — Amants, mais associés. — Une
lettre de Mlle Montansier. — Ce que femme veut...
— Jalousie et brutalité. — Le Grand-Théâtre de
Rouen. — Collot d'Herbois flagorneur. — La Montansier réduite à coucher seule. — Sanglante et mystérieuse affaire. — Voyage forcé. — Un vaste projet.
— Les Rouennais mécontents. — Placards et chansons. — Trêve, puis reprise des hostilités. — Neuville quitte la place.

Profitant de sa veine, Mlle Montansier obtint,
le 8 novembre 1778, le privilège de plusieurs
spectacles de province. Les scènes de la Loire et
de la Normandie tombèrent ainsi sous son autorité.

Ni l'Orléanais, ni Caen, ni Le Havre où pourtant elle fit construire une salle, n'ont gardé souvenir de sa direction; il n'en est heureusement
pas de même pour la ville de Rouen, et nous

allons, grâce aux archives du château d'Harcourt, montrer à l'œuvre l'habile femme et Neuville, son inséparable.

Une question d'intérêt divisa d'abord ces amants, qui étaient aussi des associés. Dans un mouvement de libéralité, inspiré peut-être par le désir d'éloigner l'homme qui, malgré sa résignation, n'en éprouvait pas moins d'intermittents accès de jalousie, Mlle Montansier avait fait mettre au nom de Neuville seul le privilège pour la Normandie. Maître à Rouen d'un théâtre récemment construit, Neuville le mit à grands frais en état et eut la chance d'y faire de bonnes affaires. Se ravisant alors, Mlle Montansier prétendit à une part de ces gros profits. Elle reconnaissait bien avoir cédé son privilège à Neuville, mais c'était, disait-elle, une simple formalité, et elle en voulait jouir de compte à demi avec le directeur.

A cela Neuville ne fit point d'objection, voulant, disait-il à son tour, le bonheur d'une personne qui lui était chère; il était donc prêt à signer un acte de société, mais il demandait que le traité embrassât à la fois les spectacles de la cour, de Versailles, et les théâtres normands, comme Mlle Montansier le lui avait promis. Il exigeait, en outre, que des garanties lui fussent données pour la régularité des comptes, entendait avoir entre ses mains la gestion des deux entreprises et faire régler d'avance la part de bénéfices qui devait revenir à chacun d'eux.

Dans une lettre adressée à M. Campan, secrétaire du cabinet de Marie-Antoinette, Neuville, le 4 juin 1779, exposa ses griefs contre la réclamante qui, à l'improviste, lui avait fait visite à Rouen :

« Elle a commencé par nous tourmenter tous par une prétendue jalousie contre une personne à qui je n'avais parlé qu'une fois. Convaincue de son erreur sur ce point, elle m'a dit qu'il lui fallait de l'argent; j'en ai emprunté pour la contenter. Ensuite elle m'a demandé de faire, sur-le-champ, un contrat de société pour les privilèges de Rouen et ceux de la cour. Je lui ai répondu que je ne demandais pas mieux; mais que, comme il fallait tout prévoir dans un tel contrat, ce n'était pas l'affaire d'un moment; qu'elle n'avait qu'à mettre ses clauses par écrit, que j'y mettrais les miennes et que nous soumettrions le tout à des personnes en place, honnêtes et éclairées, qui s'intéressaient à elles, telles que M. de la Saone, M. l'Echevin, etc.

Mlle Montansier a trouvé ces prétentions ridicules et m'a proposé de m'acheter mon entreprise de Rouen ou de me vendre la sienne. J'ai consenti à tout ce qu'elle a voulu, jusqu'à lui donner, ainsi qu'elle le désirait, dix mille livres pour ses privilèges et prérogatives.

« Il y a tout lieu de croire qu'elle ne cherchait qu'à me tourmenter, car elle n'a pas tardé à changer d'avis; et, voyant que j'adhérais à toutes les propositions qu'elle m'a faites, elle a fini par me dire qu'elle ne voulait ni me céder son entreprise à la suite de la cour, ni même m'y associer en aucune manière; mais qu'elle prétendait, malgré cela, être de moitié dans mon entreprise de Rouen. »

Mlle Montansier ne s'était pas bornée à cet ultimatum; elle avait menacé Neuville de lui faire perdre les bonnes grâces de tous ses protecteurs et de le réduire à la dernière misère, s'il ne voulait pas en passer par ce qu'elle désirait de lui. Quel mobile faisait agir ainsi sa capricieuse camarade?...

« Si certaine liaison, — ajoutait-il — contre laquelle je lui ai parlé en véritable ami avant mon départ de Paris, qu'elle eût dû rompre en conséquence et qu'elle a continuée, parce qu'elle la prétend innocente (je le désire!), est la cause de ses extravagances et des persécutions qu'elle me fait essuyer, que je la plains! qu'elle se pré-

pare de chagrins et de remords, d'avoir sa-
crifié tout ce qu'elle devait à un galant homme,
tout ce qu'elle se devait à elle-même, et à
qui!... »

A ces plaintes, modérées de forme, il convient
d'opposer les arguments mêmes de son adversaire. Elle les fit connaître au duc d'Harcourt,
gouverneur de la Normandie, dans une adroite
épître, dont nous respecterons le style et l'ortho-
graphe :

« Versailles, 12 juin 1779.

« Monseigneur,

« Je comptais avoir l'honneur de vous adviser
une lettre le même jour que j'ai eu celui dans
écrire une à madame la duchesse, mais j'an é été
ampéché par une petite maladiie qui m'a pris
subitement et dont je ne me suis débarrassée
que depuis deux jours.

« J'ai imploré les bontés de madame la duchesse auprès de vous, monseigneur, sur les solici-
tassions que l'on m'a assuré que l'on y ferait pour
obtenir de vous que le sieur Noeuville aict la
jouissance à lui seul du privilège de la province,
que vous avais eu la bonté de m'accorder. J'ai eu

l'honneur de vous dire à Caën, quoi que fort succintement, les raison qui m'avoit fait signer cette maudite cession. J'ai évité autan qu'il m'a été possible de donner des tors au sieur Noeuville, vis-à-vis de vous, monseigneur; mais vous avais dû voir et nous avons veu, combien j'étais dupe de ma bonne foy. Votre justice vous a porté à me donner des ordres que j'ai fait passer au sieur de Noeuville. J'ai cru qu'ositôt qu'il les auroit reçus, il auroit annulé laditte cession, que nous aurions fait l'acte de sosiété et qu'il n'auroit pas osé se permettre la plus petite réclamation pour abuser d'un titre qui de lui a moy ne doit pas en être un. Cependant la cession subsiste; notre acte de société n'est point fait et je n'entans parler de rien. Le sieur Noeuville aura cherché à intéresser vos bontés; mais comme elles sont toujours à côté de votre justice, elle me fera conserver les droits que vous avois bien voulu me donner sur le privilège de la province dont je n'ai pas peu disposer dans aucun cas, sans votre agrément. Un second ordre de votre part au sieur de Noeuville m'en fera jouir. J'atans ce moment pour m'occuper des opérations absolument nécessaires pour rendre la troupe de Rouën agréable, qui ne l'est pas pour le présent. Il y manque des sujets que j'ai la facilité d'y anvoyer, du moment que mes droits seront constatés; l'on y désire aussi M. Ofrène, que j'i amènerai pour quelque temps. La province, monseigneur, ne peut que gainer que je me melle de cette besogne. J'ai des ressources tan pour la composition de la troupe, que pour la solidité péquinière. L'établissement ne vient de ce faire à Rouën que sur mon crédit et le papier que j'ai signé pour vingt-huit mille livres. Si je ne suis plus pour rien dans la direction la confiance est détruite et le plus petit événement renversera la machine. Je vous suplie, monseigneur, de me faire passer vos ordres et au même temps si vous désirés que j'anvois à Caën la comédi d'icy pendant l'intervalle du voyage de Compiègne et Fontainebleau. Mon intencion est de former une troupe lannée prochenne pour Caën, pour éviter le désagrément qu'il y an ait encore une aussi mauvaise que celle qui y est cette année. Car on m'a dit qu'elle était détestable. Soyez persuadé, monseigneur, que je metterai toujours tous mes soins à vous prouver que je mérite la grasce que vous m'avois accordé, et une seconde que j'implore en vous suplyant de me faire conserver la première. J'ai tor, je l'avoue; mais je ne l'ai que dans la forme, et non dans le fond; puisque ce n'est qu'un tor de confiance et vous ne permetterés pas que l'on an abuse.

J'ai l'honneur d'être avec le plus profond respect,

« Monseigneur,

« Votre très humble et très obéissante servante.

« DE MONTANSIER. »

Les protecteurs sollicités intervinrent, non au
profit de Neuville qui dut se résigner à céder
la moitié de son privilège sans obtenir, comme il
le désirait, la même part dans celui de Mlle Montansier. Pour comble, celle-ci, accourue à Rouen
pour signer la convention établissant ses droits,
emporta à Versailles les dix-huit cents livres qui
constituaient la seule réserve de Neuville.

L'amant eût eu mauvaise grâce à se fâcher de
cette espièglerie, car il n'usait pas, envers sa maîtresse, de plus délicats procédés. Exemple : il
logeait chez elle quand, deux fois par mois, il
allait rendre compte de sa gestion; or, une nuit,
il introduisit secrètement dans sa chambre certaine actrice de la troupe de Versailles. Avertie
de cette trahison, Mlle Montansier va frapper à
la porte du parjure qui se garde bien de répondre. La dame en fureur cogne et tempête;
impatienté du bruit, Neuville prend une épée et
se précipite hors de la chambre avec tant de
violence qu'il enfonce son arme dans un bras de

la Montansier. Les cris de cette dernière attirent du monde, on saisit le coupable que l'on mène en prison. Mais la blessure n'est pas très grave, l'amante deux fois meurtrie pardonne et, grâce à ses démarches, Neuville est bientôt élargi.

La direction Montansier-Neuville devait, à Rouen, durer près de dix années. Avec des chances diverses, bien entendu. Le Grand-Théâtre, loué 17,500 livres, produisit, en 1780, un médiocre profit; l'année suivante fut meilleure, bien que Neuville, pour éviter une concurrence, eût dû prendre à sa charge l'ancienne salle moyennant 2,300 livres par an. Nous disons Neuville, parce que Mlle Montansier, ne s'intéressant qu'aux recettes, refusa de signer le nouveau bail. Mais un événement d'importance lui permit de parer à cette charge en organisant des spectacles productifs : Marie-Antoinette donna, le 22 octobre, un Dauphin à la France. Des réjouissances publiques s'en suivirent, auxquelles les directeurs rouennais s'associèrent en faisant chanter des couplets en l'honneur du petit prince, en organisant un bal gratuit, en donnant enfin, sous ce titre : *la Fête dauphine, ou le Monument français*, une pièce inédite, dont voici l'analyse :

« Dans un village de Normandie, des ouvriers sont occupés à terminer une fontaine nouvellement construite, dont la partie supérieure est couverte d'un voile; sous ce voile est une œuvre de sculpture qui doit être inaugurée le jour même. Un coup de canon retentit, annonçant l'approche d'un vaisseau ennemi. Déjà, la veille, le brave Philippe, fils du capitaine Lartimon, a soutenu contre un brick anglais le plus rude des combats. Un des ouvriers souhaite pour lui une nouvelle victoire. — « Elle arriverait à propos, ajoute-t-il; aujourd'hui l'inauguration de ce monument, ensuite une prise anglaise que nous verrions entrer ce soir, et, par-dessus tout, la naissance de notre Dauphin! Oh! celle-là nous fait plus de bien que l'eau douce de cette fontaine ne ferait de plaisir à un marin qui n'en aurait pas bu depuis trois mois! » — Et puis, si Philippe triomphe, il épousera Babet, fille d'un inspecteur, qu'il aime d'un amour partagé...

« Tous les villageois, survenant, s'apprêtent à prendre part aux plaisirs qui se préparent, et, à l'exemple du marin Lartimon, du canonnier La Mèche et du carillonneur Caron, se mettent à chanter les louanges des membres de la famille royale. — « Leurs noms, dit un personnage, sont écrits dans tous les cœurs des bons Français. Il n'y a qu'une voix pour célébrer les vertus qui leur ont conquis l'amour du peuple...

> Pour le bonheur des Français
>> Notre bon *Louis seize*
> S'est allié pour jamais
>> Au sang de *Thérèse.*
> De cette heureuse union
> Il sort un beau rejeton !
> Pour répandre en notre cœur
>> Une joie parfaite,
> Conserve, ô ciel protecteur,
>> Les jours d'*Antoinette!*

« Comme chacun le désire, Philippe s'empare du brick anglais, ses officiers prisonniers sont amenés sur la scène, le monument apparaît à tous avec son couronnement qui consiste en un magnifique dauphin, symbole de la joie publique, et Philippe s'unit à Babet au milieu du plus vif enthousiasme. »

C'était là, certes, une banale flagornerie, les spectateurs pourtant l'exaltèrent; ils firent bien, au total, car l'auteur n'était autre que le comédien nomade Collot d'Herbois, et l'on sait ce qu'il en coûta plus tard aux Lyonnais pour avoir sifflé ce haineux personnage.

La correspondance de Neuville le montre, vers cette date, en proie aux tracasseries de ses acteurs, aux critiques du parterre, aux prétentions multiples des officiers de la garnison rouennaise qui ne se gênaient point pour faire conduire au corps de garde l'impresario parfois rétif.

Pendant que son amant peinait loin d'elle, que faisait à Versailles Mlle Montansier? Des affaires, sans doute, mais aussi des sottises, car les années semblaient ne pouvoir l'assagir. Une page de *la Chronique scandaleuse* lui prête alors cette aventure : « La Montansier, directrice de la comédie de Versailles, avait fait nombre d'impertinences; un ordre du roi est venu la claquemurer dans une prison. La première chose qui lui est échappée lorsqu'elle s'est vue renfermée : « N'aurai-je « aucune société, a-t-elle dit, et le roi ordonne-t-il « absolument que je couche seule? » Le roi a été le premier à rire de cette saillie effrontée, les ministres en ont ri aussi, mais ils ont cru devoir venger le respect dû à Sa Majesté en retenant quelque temps prisonnière la lubrique comédienne; elle a pourtant obtenu sa grâce et est revenue à sa place de directrice. »

Des impertinences, somme toute, étaient choses très vénielles en comparaison de l'acte incompréhensible qui devait bientôt obliger Neuville à passer la frontière.

Le 15 mars 1782, un sieur Halot, garçon de M. Plé, coiffeur à Rouen, avait été envoyé par son maître pour *accommoder* le directeur du théâtre. Celui-ci, qui s'était plaint précédemment de Halot, consentit néanmoins à lui confier sa tête. Tout à coup des cris partent de la loge de Neuville, qui se précipite vers la fenêtre en criant : « Au meurtre ! on m'assassine !... » Des passants accourent, et trouvent d'un côté Neuville, frappé de plusieurs coups de couteau, de l'autre le garçon perruquier baigné dans son sang. Chacun accusant l'autre d'assassinat, on ouvre une enquête et Neuville déclare ce qui suit :

« Halot venait de me raser; mon domestique, inutile pendant que Halot m'accommodait les cheveux, s'était retiré. On venait de m'apporter mes lettres, je les lus. Je m'endormis ensuite et fus réveillé par la douleur d'un coup que je recevais au côté droit du cou. Mon premier mouvement, en me réveillant, fut de porter la main gauche à l'endroit de la douleur. Dans ce mouvement, qui fut aussi vif que naturel, je rencontrai le fer dont j'avais été blessé au moment où Halot le relevait pour m'en frapper encore. C'était un couteau. Il m'échappa en me coupant deux doigts de la main dont je l'avais saisi.

« Dans le trouble que porta dans mon âme un réveil de cette nature, je m'élançai de dessus ma chaise en appelant du secours et en opposant à la rage et au fer de mon assassin, qui voulait

consommer son crime, mes mains qui, par différents mouvements, mirent mon corps à couvert,
mais reçurent plusieurs blessures aussi bien que
mon visage, qu'elles ne purent garantir.

« Mes cris furent heureusement entendus par
le nommé Poittevin. Il était occupé au bas de
mon escalier, il monta. Dès que je l'aperçus, je
me jetai entre ses bras et je le conjurai de me
sauver la vie, d'arrêter celui qui avait voulu me
l'arracher. Poittevin, effrayé, ne s'occupa que de
moi. Halot s'était retiré au fond de la chambre.
Il y fut trouvé ayant encore le couteau dans ses
mains. Il était évident qu'il s'était frappé lui-
même pour faire croire qu'il avait été assassiné. »

De son côté, le perruquier affirma que, maltraité
en paroles puis souffleté, il avait riposté; Neuville alors, s'élançant sur le couteau à gratter la
poudre, lui en avait porté plusieurs coups et
s'était blessé lui-même dans la lutte engagée par
la suite.

Entre ces dépositions contradictoires, la justice
hésita d'abord; puis, le lieutenant criminel donna
l'ordre d'arrêter Halot; l'opinion publique se déclara alors contre Neuville et le magistrat envoya
chez lui des gardes pour se saisir de sa personne.
Mais ce nouvel ordre fut signé à sept heures du

soir, et, à six heures, Neuville s'était dérobé par la fuite aux poursuites qui le menaçaient.

Le lieutenant criminel, qu'on accusa de négligence, fut interdit pour une année, mais cet arrêt ne calma pas les esprits montés contre le directeur universellement détesté. Les collègues de Halot, plus ardents que les autres, se portèrent en nombre à la Tournelle, où le Parlement leur donna l'autorisation de faire saisir Neuville par tout le royaume. Ils envoyèrent à cet effet plus de douze cents lettres contenant le signalement du fuyard, mais celui-ci était trop loin pour que la justice le pût joindre; elle le condamna, par défaut, au bannissement perpétuel et à 30,000 livres d'amende.

A la première nouvelle de ce très grave incident, Mlle Montansier se hâta, comme on pense, d'aller prendre la direction du théâtre déserté par Neuville; elle s'y heurta à de mauvais vouloirs qui lui rendirent sa tâche d'autant plus pénible que sa charge à la cour l'obligeait à faire fréquemment la navette entre Versailles et la capitale de la Normandie. Aussi n'épargna-t-elle aucune démarche pour amener le retour de l'ami dont elle tirait tant de services.

Avec le temps, comme toutes choses, la sanglante scène s'oubliait, d'autant que le lieutenant criminel avait été replacé et que Halot, qu'on avait cru perdu, s'était aisément rétabli. Ce ne fut pourtant qu'à la fin de l'année 1784 que la solliciteuse obtint, du duc d'Harcourt, des lettres d'abolition permettant à Neuville de reparaître à Rouen.

Tandis que son associé reprenait sans opposition les rênes de l'exploitation normande, Mlle Montansier s'ocupa d'un projet qui peut faire apprécier la hardiesse de ses idées; elle rêvait et sollicitait, de l'autorité royale, *l'entreprise générale de tous les spectacles des provinces du royaume!*

Le Mémoire qu'elle adressa sur ce sujet au baron de Breteuil constatait que l'administration de l'Opéra de Paris avait été constamment en déficit. Pendant les années 1778 et 1779 les pertes même s'étaient élevées à 595,958 livres, remboursées par la ville. Le comte de Maurepas et M. Necker, pour remédier à cette situation, avaient alors fait consentir le roi à verser annuellement dans la caisse de l'Académie de musique une subvention de 150,000 livres. Or, cette somme, Mlle Montansier promettait de la payer elle-même, à condition qu'une compagnie formée par elle obtiendrait le privilège de tous les théâtres du royaume. Rien ne serait changé quant au mode d'administration de MM. les ministres; on correspondrait avec chacun d'eux, on prendrait leurs ordres directs; on paierait comme par le passé les honoraires d'usage aux bureaux des gouverneurs et commandants, les impositions pour les pauvres, etc.; on s'arrangerait enfin à l'amiable avec les entrepreneurs et directeurs en fonction pour se charger des loyers de leurs salles, acquérir les décorations et autres accessoires de théâtre.

La chose n'aboutit pas, soit que les gouvernants redoutassent la constitution d'un monopole si important, soit que, bien renseignés sur la position financière de la solliciteuse, ils missent en doute l'exactitude du versement promis. Mlle Montansier gagnait, certes, beaucoup d'argent, mais elle en dépensait, par générosité ou caprice, plus encore, si bien qu'il lui fallait souvent recourir à l'obligeance de ses amis ou tenter des spéculations plus ou moins hasardeuses.

Nous avons vu Neuville reprendre la direction du théâtre de Rouen sans que personne s'en offusquât. Il n'en faut pas conclure que ses torts étaient oubliés; les Rouennais, au contraire, en gardaient une rancune qui n'attendait que l'occasion pour se manifester. Deux années pourtant s'écoulèrent sans orage, faisant réaliser chacune à Neuville un bénéfice de 30,000 livres qui lui servit à défrayer les entreprises de Caen, du Havre et de la Loire, moins favorisées. Mlle Montansier, de Versailles, l'aidait de ses avis et surveillait attentivement les mutations utiles de leurs divers sujets. Quand un acteur ne plaisait plus dans une localité, elle l'envoyait dans une autre où, par l'attrait de la nouveauté, il avait chance de succès. Mais c'est à Rouen qu'était, en comédie ou en opéra, sa grande réserve et la meilleure de ses troupes; Baptiste aîné et Baptiste cadet la conduisaient d'ordinaire, et des étoiles parisiennes comme Dugazon, Mme Saint-Huberty, venaient souvent la renforcer en excitant encore son émulation.

Nous avons dit que, bien qu'on le tolérât, Neuville ne comptait dans la cité normande que de rares partisans. La trêve tacitement conclue entre le directeur et le public ne tarda pas à être rompue par celui-ci. Le 16 avril 1787, jour de la réouverture du Grand-Théâtre, une lettre élaborée en commun fut jetée sur la scène et l'on obligea un acteur d'en faire à haute voix la lecture.

Après d'amères critiques contre le régisseur taxé d'orgueil, les acteurs accusés d'insolence, de mauvaise tenue ou d'incapacité, cet écrit proclamait la nécessité de donner à Rouen le ballet que ses habitants réclamaient en vain depuis plusieurs années.

Au papier qu'on lui fit parvenir, Mlle Montansier répondit, le 19 avril, par une épître au *Journal de Normandie* annonçant l'envoi d'artistes en remplacement de ceux qui déplaisaient le plus et défendant les autres, surtout une haute-contre que, vu la rareté de ce genre de voix, on ne pouvait songer à congédier. Quant à un personnel dansant, son engagement était chose à peu près impossible. — « Le ballet, disait-elle, est un objet d'une dépense excessive. Il serait indispensable d'augmenter les prix, mais nous ne le pouvons sans le consentement du public et la sanction des magistrats. Il ne faut pas se dissimuler qu'il y aurait encore beaucoup d'inconvénients. Où loger ce ballet dans un théâtre où il n'y a nulles commodités, où il n'y a pas la moitié des loges nécessaires pour les acteurs, où il n'y a point de magasin pour les décorations, point de magasin — ou du moins un très petit — pour les habits? Au reste, nous serons toujours disposée à tout entreprendre pour donner au public de nouvelles preuves de notre zèle et de notre soumission à ses volontés... »

Le ton de cette réponse ne plut guère et un des

abonnés réfuta l'assertion principale de la directrice dans les termes suivants :

« Mlle Montansier fait des objections à l'infini au sujet d'un ballet. Un ballet! c'est une dépense extraordinaire! Il faut augmenter les prix! Il faut agrandir le théâtre! Et puis où loger ce ballet? Ainsi, suivant elle, c'est la chose impossible; ainsi il faudra nous en passer, malgré la demande générale qu'on en a faite de tout temps. Cependant il y en avait un à l'ancienne salle, laquelle est beaucoup plus petite, en tout point, que celle-ci; les prix n'étaient point augmentés, les recettes n'étaient pas aussi fortes et les bénéfices n'étaient pas aussi considérables, les acteurs étaient aussi mieux payés, et on ne perdait pas un bon sujet pour vouloir épargner cent écus.

« Mais ne nous fâchons pas; le souvenir des avantages qu'elle a retirés jusqu'à présent de son privilège et l'augmentation des bénéfices qu'elle peut obtenir par l'effet des changements demandés la décideront, à coup sûr, à remplir les vues du public plutôt que de s'exposer à n'avoir aucun spectateur... »

La phrase finale de l'abonné n'était pas une vaine menace car, par affiches manuscrites, les jeunes gens de Rouen furent bientôt invités « à s'abstenir d'aller au spectacle jusqu'à ce que le vœu du public eût été satisfait ». A cette mesure promptement adoptée, Mlle Montansier opposa l'intention de fermer son théâtre, d'où publication, par les opposants, de trois avis simultanés :

« *Aux Amateurs.*

« La Montansier menace de retirer sa troupe si nous ne retournons promptement au spectacle, c'est ce que tous les honnêtes gens désirent. »

« *A la Jeunesse.*

« Jusques à quand, fière et sensible jeunesse, souffrirez-vous voir le vil et insolent Neuville? Vous rappellerez-vous toutes les horreurs dont il fut capable et dont il n'a pu trouver grâce que dans une âme mercenaire? Le souvenir, au cri de la justice, défendra au bon citoyen, au vrai patriote, l'entrée des spectacles jusqu'après entière satisfaction sur la lettre jetée sur le théâtre et une réparation authentique de l'injustice révoltante envers nos concitoyens. »

« *Prenez garde à vous!*

« Par ordre très supérieur du public indigne les honnêtes gens sont invités de ne point aller

au spectacle que nous n'ayons obtenu une autre
direction et de meilleurs comédiens, une police
moins comédienne et des magistrats plus citoyens. »

On devine, par les derniers mots de ces placards un peu vifs, que la police et la magistra-
ture s'étaient, comme à l'ordinaire, rangés du côté
des privilégiés contre ceux qui disaient avoir à
s'en plaindre. Par peur, cependant, les Rouennais s'abstinrent de porter leur argent à Neuville, peur justifiée par la menace de les faire
figurer dans un pamphlet imaginé par les ré-
dacteurs des *avis*, et dans lequel étaient odieu-
sement diffamés les gens qui commettaient le
crime d'aller au théâtre.

Les poètes normands prirent, à leur tour, parti
dans le conflit qui passionnait leurs compatriotes
en décochant presque quotidiennement aux directeurs des épigrammes, des apostrophes, voire
des chansons. Citons, comme spécimen, des couplets écrits sur l'air de la romance de *Nina* et
portant ce titre : *la Comédie de la Montansier.*

    Quand la jeunesse reviendra
    A la défunte comédie,
    Le printemps alors finira,
    L'épine sera défleurie ;

Mais je regarde, hélas! hélas!
La jeunesse ne revient pas.

Oiseaux, il faut chanter bien mieux
Si vous voulez vous faire entendre;
Votre directeur malheureux
Chante peut-être un air bien tendre;
Mais non, j'écoute, hélas! hélas!
Le directeur ne chante pas.

Toi qui nous a lassés cent fois
Du récit de tes fades pièces,
Montansier, ta plaintive voix
Semble demander nos espèces;
Mais tu t'abuses, hélas! hélas!
De longtemps tu n'en recevras.

Ni la directrice de Rouen ni son associé
n'avaient l'épiderme sensible, et les brocards, ri-
més ou non, les eussent laissés froids si, par
suite des moyens d'intimidation employés, leurs
intérêts n'eussent été sérieusement menacés; mais
on jouait dans une salle presque vide et les frais
de troupe, montant à 141,000 livres, n'en cou-
raient pas moins. Résister encore, c'était la
ruine à brève échéance ; ils le comprirent et, ré-
solument, donnèrent au public les danseurs ré-
clamés avec tant d'énergie.

Les débuts du ballet eurent lieu, au Grand-

Théâtre, le 27 juillet 1787; ils calmèrent les esprits et ramenèrent la foule. Profitant de la circonstance, Mlle Montansier déclara vouloir rester, par la suite, étrangère à l'exploitation normande; cette retraite apparente ou vraie signifiait que la directrice pressentait en l'avenir des difficultés nouvelles. Elles se produisirent, en effet, dans l'été de l'année suivante.

Que voulaient alors les Rouennais? On le sut au cours d'une réunion tenue, le 4 juin, au café de la Comédie, et dans laquelle Neuville, convoqué, dut statuer par article sur leurs réclamations écrites. Voici le procès-verbal curieux de ces demandes et réponses :

« 1° Une première haute-contre. — Promis pour le 5 juillet;

« 2° Une première chanteuse. — A dit qu'il avait fait ses efforts pour avoir Mlle d'Herville et promis de lui écrire de nouveau et de communiquer le lendemain, à 11 heures, sa lettre au public;

« 3° Que les fourriers et les bas-officiers soient placés ailleurs qu'au parterre, ces spectateurs gênant sous tous les rapports. — Promis qu'il solliciterait un ordre pour satisfaire sur cet article;

« 4° Que les acteurs et gens de la direction n'applaudissent jamais les premiers lorsqu'un nouveau sujet débute. — Promis d'y tenir la main;

« 5° Que le costume soit observé strictement : qu'une soubrette ne paraisse plus sur la scène plus brillante que sa maîtresse, et qu'une paysanne ne se présente pas en bourgeoise. — Promis;

« 6° La non-suppression du ballet dans les pièces qui en exigent. — Promis, après quelques difficultés;

« 7° Que la troisième représentation des pièces nouvelles soit toujours donnée dans un jour d'abonnement. — Promis;

« 8° Qu'une assemblée de village ne soit pas simulée par deux ou trois acteurs en guenilles. — Promis;

« 9°. Que le spectacle commence toujours à 5 heures et demie précises. — Promis ;

« 10° Que le lustre soit toujours allumé à 4 heures précises. — Promis, après quelques difficultés;

« 11° Que le sieur Neuville donne une autre issue pour les perruquiers. — Promis de consulter l'architecte de la salle ou d'obtenir un ordre pour qu'ils sortent avant la fin du spectacle ou quand le monde sera écoulé;

« 12° Que les engagements soient toujours

faits au moins six mois avant, pour éviter le prétexte de ne pouvoir trouver d'autres sujets. — A prouvé qu'il obéissait au vœu du public par plusieurs engagements déjà faits;

« 13° Que le sieur Neuville ne communique jamais avec le public par ses écrits, mais qu'il soit prêt à paraître quand on l'exigera. — Arrêté que, lorsqu'il y aura quelque plainte ou demande à faire, le régisseur se rendra au même endroit qu'aujourd'hui. »

Au gré des spectateurs Neuville mit trop de négligence à tenir les engagements pris. On l'en punit, le 29 juin, par la distribution d'un écrit invitant les Rouennaises à fuir le spectacle tant que le directeur n'en serait point changé. Un des griefs relevés contre lui était qu'à deux reprises il avait fait éteindre dans la salle jusqu'au lustre, bien que des dames fussent encore dans leurs loges : « Cette infamie, déclarait le placard, ajoutée à celle des sentinelles d'augmentation pour empêcher la jeunesse de réclamer contre les abus qui se perpétuent dans cette direction, sont un précis des nouveaux crimes d'un homme qui paraît n'avoir échappé à la roue que pour subir son châtiment de ceux mêmes qu'il a tant de fois offensés. »

Il n'apparaît pas que ce deuxième essai de

boycottage ait eu le même succès que le premier, car les spectacles continuèrent avec régularité, et les recettes furent assez bonnes pour permettre à la direction de placer des bancs au parterre, debout jusqu'alors, et d'installer un nouveau lustre.

Les mécontents, par contre, eurent ce bonheur inespéré de voir leur adversaire renoncer de lui-même à une lutte dont l'issue eût pu se faire attendre longtemps encore. Le 12 avril 1789, Neuville céda effectivement à René-François Molé, comédien ordinaire et pensionnaire du roi, le privilège et les accessoires du théâtre qui lui appartenait jusqu'en 1797. Cela lui mit en poche 300,000 livres avec lesquelles la Montansier, toujours associée pour les gains, devait payer ses dettes et tenter, si possible, une nouvelle entreprise.

Neuville quitta Rouen au bruit de ce refrain, mis par un chansonnier gouailleur dans la bouche du parterre :

> Partez quand vous voudrez,
> Car pour moi je demeure,
> Et, si jamais je pleure,
> C'est quand vous reviendrez...

VI

Nous avons, dans un précédent chapitre, mon-
tré la reine de France se livrant, avec une ardeur
imprudente, aux plaisirs du jeu, des courses, du
bal ou du théâtre. Quatre accouchements surve-
nus de 1780 à 1785 changèrent le cours de ses
idées, en lui donnant l'envie d'intervenir active-
ment dans la politique. Elle fut là, par malheur,
ce qu'elle avait été dans ses mœurs privées, légère jusqu'à l'extravagance.

La camarilla dont elle crut devoir s'entourer
la compromit en se servant de son pouvoir pour

obtenir des faveurs injustes. Complaisants d'abord les ministres en vinrent, par la suite, à blâmer les désirs incessants de leur souveraine; celle-ci, fâchée, n'eut alors plus qu'un objectif : le remplacement de ceux qui lui faisaient obs-tacle par des gens moins capables peut-être, mais moins économes des deniers publics. De là des crises répétées dont souffrait, autant que la France, l'autorité royale.

Il faut bien dire qu'à cette époque crépuscu-laire tous les yeux étaient troubles ou ne voyaient que des fantômes; ce qui avait été cachait ce qui allait être, et l'on marchait inconsciemment à ce déluge qu'avaient, en leurs derniers jours, pres-senti Louis XV et la Pompadour. Tout semblait vivre, mais tout était mort et ne tenait debout que par habitude. Ce qui devait être une guerre civile et une guerre sociale s'annonçait par des trou-bles de jour en jour plus graves. En haut ré-gnaient les préjugés, l'incohérence, une faiblesse incurable traversée d'impuissantes colères; en bas des aspirations confuses s'affirmaient dans un irrésistible élan vers un nouvel ordre de cho-ses. On sait comment l'horizon politique se char-gea brusquement d'épais nuages, comment, sui-vant le mot de Mirabeau, la France passa du chaos tranquille au chaos agité. Les salons commencèrent, puis le Parlement discuta; le clergé lui-même prétendit refuser des subsides à la royauté. Malgré sa répugnance Louis XVI dut convoquer les Etats-Généraux qui, réunis le 5 mai 1789, se transformèrent d'eux-mêmes, le mois suivant, en Assemblée constituante. Bientôt éclata ce coup de foudre : la prise de la Bastille, prison formidable dans laquelle le peuple voyait l'incarnation du despotisme capricieux et impitoyable. « Quelle révolte! dit à cette nouvelle le roi abasourdi. — Sire, risposta M. de Liancourt, témoin oculaire du grand acte, dites révolution. »

C'en était une, effectivement, complète, implacable. Dès ce premier jour apparurent les lions et les hyènes dont l'action parallèle devait faire du gouvernement populaire la phase la plus noble, la plus sanglante aussi de notre histoire : les uns ayant pris la Bastille, les autres s'étaient, par l'assassinat d'innocents, tristement signalées.

Louis XVI avait à choisir entre deux déterminations : écraser les révolutionnaires par la force, ou se mettre à leur tête pour les diriger et les contenir. Il ne prit pas le premier parti par conscience, mais, n'adoptant qu'à contre-cœur le second, il s'y engagea sans plan personnel, sans savoir jusqu'où il irait, tantôt avançant, tantôt reculant, détruisant les forces gouvernementales dont il était incapable de se servir, et consolidant la révolution par des concessions graves et des promesses intempestives.

Moins nulle que son époux, Marie-Antoinette avait encore plus de vaillance. Après avoir aimé la popularité que lui valaient les réformes, elle fut la première à s'alarmer quand elle vit que les nouveaux venus étaient insatiables, et qu'après chaque changement obtenu ils en réclamaient d'autres. Témoin forcé de scènes choquantes, pleines de menaces, blessée à la fois comme femme et comme souveraine, elle sentit que le roi était prisonnier des révolutionnaires et voulut avant tout l'affranchir. Mais, dans ces circonstances encore, elle fut si peu prudente qu'elle perdit à jamais l'affection populaire, un moment reconquise.

Très froid d'abord, Paris devint promptement hostile à celle qui prétendait lui tenir tête. Qu'il était loin, le jour où, montrant le peuple pressé pour assister aux fêtes du sacre, le duc de Brissac avait pu dire à Marie-Antoinette : « Madame, vous avez là deux cent mille amoureux ! » Ce n'était plus la reine de France, mais *l'Autrichienne*, une étrangère suspecte dont le carac-

tère, les mœurs même étaient violemment dé-
criés.

Parfois pourtant un trait d'esprit ou de courage lui faisait regagner les sympathies perdues.
Le 6 octobre, par exemple, elle justifia pleinement cette phrase de Mirabeau : « Le roi n'a qu'un
seul homme près de lui, c'est la reine. » Excités
par la faim, les Parisiens armés de piques, de
fusils, de canons, étaient allés ce jour-là à Versailles pour y chercher des vivres. Ils demandè-
rent, par occasion « les boyaux de l'Autrichienne » et exigèrent, avec des hurlements, son
apparition au balcon du château. Elle s'y mit
avec ses enfants. « Pas d'enfants ! la reine
seule ! » clama la foule.

Marie-Antoinette comprit ; c'est elle qu'on
haïssait, qu'on voulait peut-être comme cible
pour les fusils chargés ; elle confia ses enfants
au roi et se présenta seule, la tête haute, les bras
croisés, superbe.

Il se fit un profond silence, puis des cris fré-
nétiques de : « Vive la reine ! » partirent de
toutes parts.

Mais, quelques heures après, l'impression pro-
duite était dissipée. La foule enguenillée emme-
nait de force à Paris la famille royale. On n'aurait plus faim, car on avait le Boulanger, la

Boulangère et le petit Mitron. La populace était si dense qu'elle se pressait contre la voiture, lui donnant le mouvement d'un bateau. Devant elle on portait sur des piques les têtes de deux gardes du corps; sur le siège le comédien Baulieu faisait des pasquinades; un cuisinier, le tablier rouge de sang, tenait la place du laquais; aux portières, des mégères se renouvelaient, vomissant les pires insultes. Ce voyage terrifiant et ignoble dura six heures, sans que Marie-Antoinette se départît de sa vaillante impassibilité.

A Paris, le roi passait à l'état d'otage. Les révolutionnaires, d'ailleurs, sentaient bien que de lui ne viendrait aucune résistance sérieuse; au contraire la reine, attachée à ses droits, clairvoyante, énergique, leur pouvait susciter de très grands embarras. Supprimer l'obstacle, ils n'osaient encore, mais on en pouvait diminuer l'importance en déconsidérant tout à fait celle qui se posait en ennemie.

La presse d'abord, les libelles ensuite, se chargèrent de cette triste besogne. On vit successivement paraître :

Essais historiques sur la vie de Marie-Antoinette d'Autriche; la Reine dévoilée; les Scènes champêtres de Trianon; la Messaline française;

les Amours de Charlot et de Toinette ; l'Autrichienne en goguette ; Marie-Antoinette dans l'embarras ; Vie privée, libertine et scandaleuse de Marie-Antoinette ; le Cadran des plaisirs de la cour ; Têtes à prix, suivi de la liste de toutes les personnes avec lesquelles la reine a eu des liaisons de débauche, et quantité d'autres pamphlets, obscènes même dans leurs titres.

Dans ces ouvrages, vendus d'abord sous le manteau, puis publiquement exposés, la reine est très libéralement dotée de ridicules, d'infirmités, des vices les plus révoltants. Ils lui prêtent, comme amants successifs ou associés : le prince Georges de Hesse-Darmstadt, les ducs de Liancourt, de Lauzun, de Dorset, de Guines ; les comtes d'Artois, de Fersen, Romanzof ; le vicomte de Noailles ; le chevalier de Luxembourg ; les lords Seymour, Strathavon, MM. de Dillon, de Coigny, de Vaudreuil, de Besenval, de Lambertye, du Roure ; sans préjudice d'officiers ou de simples manants. Accusations sans preuves, sans vraisemblance même, dont on retrouve avec surprise l'écho dans diverses histoires.

Pour nous, pour tous les juges impartiaux, Marie-Antoinette put, en ses premières années surtout, être légère, inconséquente, elle n'en resta pas moins fidèle à ses devoirs d'épouse. Elle est donc innocente des faiblesses amoureuses qu'on lui prête, au même point qu'elle le fut dans la déplorable affaire du Collier, escroquerie vulgaire où le Parlement rancunier voulut voir des dessous qui n'y étaient point.

Parmi les libelles mentionnés plus haut, il en est un sur lequel nous devons revenir parce qu'il intéresse notre sujet. Son titre exact est celui-ci : *Essais historiques sur la vie de Marie-Antoinette d'Autriche, reine de France, pour servir à l'histoire de cette princesse;* et l'éditeur en était ainsi désigné : Londres et Versailles, chez la Montansier, hôtel des Courtisanes. Publié en 1789 et réimprimé l'année suivante avec quelques modifications, il forme deux parties rédigées soi-disant « sur plusieurs manuscrits de la main de la reine ». C'est, comme on pense, un acte d'accusation, mais, s'il est passionné, il n'en a pas moins le tort d'être aussi mal écrit que fantaisiste. Voici, comme exemple, les lignes dans lesquelles la royale narratrice conte ses relations avec la *courtisane* instituée vendeuse de l'ouvrage :

« En ce temps (1784), la grosse Montansier, directrice des spectacles de Versailles, obérée par des dettes immenses, formait le plan d'une banqueroute frauduleuse. J'aimais cette femme qui se prêtait volontiers à mes caprices; je la débarrassai de ce labyrinthe et payai ses dettes.

« Je pris goût à son spectacle; les pantins qui le forment se donnèrent la peine de charger leur mémoire des comédies obscènes de Collé et de Ferrand; j'y allai nocturnement avec mon beau-frère... »

L'épisode finit là, ce qui dénote, chez le *secrétaire* de Marie-Antoinette, une certaine pauvreté d'imagination. Si plates qu'elles fussent, ces calomnies multipliées ne laissaient pas de mettre dans les cerveaux vulgaires la conviction de torts que le mépris public ne suffisait pas à punir. Chargée sans justice de toutes les haines vouées à la monarchie, la reine gravissait le terrible Calvaire au sommet duquel l'attendait l'échafaud.

Mlle Montansier quitte Versailles. — Sa position financière. — Elle achète des arcades au Palais-Royal. —
Le duc d'Orléans boutiquier. — Un quartier très
vivant. — Colporteurs et pamphlets. — Prostitution, jeux, agiotage. — Ce que visait Mlle Montansier.

Quand, sur l'ordre du peuple, la cour abandonna Versailles, Mlle Montansier déclara qu'elle
était inséparable de la famille royale et ferma
son théâtre. On a voulu voir, dans cet acte, la
preuve d'une certaine reconnaissance de la directrice pour les nombreux bienfaits de Marie-Antoinette. La vérité est que la nécessité surtout
l'inspirait et que, plusieurs mois avant les journées d'Octobre, elle avait préparé son exode vers
Paris.

Ses affaires théâtrales étaient alors si peu bril-
lantes que le produit de la cession du privilège

de Rouen n'avait pu satisfaire que partie de ses créanciers.

Un arrêt du Conseil d'Etat, daté du 9 mai 1789, constate les embarras de Marguerite Brunet-Montansier en lui accordant délai d'un an pour l'acquit de ses dettes « à charge de verser, pendans cette surséance, la somme de 15,000 livres au sieur Bournisien jeune, procureur en la Prévôté de l'hôtel, pour être distribuée aux créanciers de ladite dame ».

A un mois de là, — le 15 juin, — elle acquit pourtant du duc Louis-Philippe-Joseph d'Orléans, moyennant 570,000 livres, la propriété de onze arcades du Palais-Royal. Il est vrai que, sur cette grosse somme, elle trouva moyen de ne pas verser un centime, et que l'affaire, en apparence déraisonnable, était surtout dans son esprit l'amorce d'une nouvelle entreprise théâtrale.

Maître du Palais-Royal le duc d'Orléans avait, en 1784, fait encadrer le jardin dans un rectangle de constructions qu'il voulait louer à bail. Cela ne s'était pas fait sans les cris du public qu'on privait de très beaux ombrages, et sans les railleries plus ou moins mordantes des gazetiers. Louis XVI lui-même n'avait pu s'empêcher de lancer au duc cette petite épigramme : « Maintenant que vous tenez boutique, nous ne

vous verrons plus, sans doute, que le dimanche. »
Mais, les travaux finis, force avait bien été de
reconnaître que les idées du prince n'étaient point
si mauvaises. Promptement, en effet, la vogue
adopta les galeries nouvelles, si bien qu'en 1789
le Palais-Royal offrait le tableau de la vie la
plus intense.

C'était, nous disent les chroniqueurs, un foyer
d'agitation politique et, en même temps, le centre
de toutes les attractions mondaines. A l'époque
des élections aux Etats-Généraux, le jardin déjà
constituait une arène dans laquelle les partis
combattaient avec les armes courtoises de la dis-
cussion, souvent remplacées par celles de l'injure
ou du pugilat. Ces partis, se cantonnant, firent
bientôt élection de domicile dans les cafés qui
devinrent comme des Chambres où chaque bureau
délibérait à part, le jardin restant affecté aux
assemblées générales. Le café de Foy, celui du
Caveau, étaient les plus fréquentés. Dans d'autres siégeaient nombre de clubs qui contribuaient
à entretenir et développer l'effervescence politique; ainsi faisaient le Salon Olympique, la
Société du Palais-Royal, celle des Amis de la
Vérité, le Club ou Salon français. C'est au
Palais-Royal, en somme, que se rendaient tous
les énergumènes désireux d'attirer l'attention

publique, fût-ce au moyen des discours les plus fous, des motions les plus incendiaires.

Centre du mouvement parisien, le Palais-Royal voyait ses galeries assiégées par une nuée de colporteurs aussi désagréables pour le public que pour les marchands. L'abbé Cérutti écrivait à ce propos, dans une lettre adressée au *Moniteur universel* : « De quelque côté que l'on arrive en ce vaste boucan, on est assailli des plus horribles stentors, beuglant des pamphlets non moins horribles. On dirait que c'est l'antichambre des enfers ou des Petites-Maisons... »

On essaya de remédier au mal signalé, mais ce fut peine perdue; les colporteurs n'avaient garde de quitter les galeries et le jardin où ils avaient toute latitude pour débiter les pamphlets publiés contre Louis XVI et Marie-Antoinette, contre les princes du sang, l'Assemblée Nationale, les plus célèbres des hommes publics, et les ouvrages obscènes dont, à cette date, Paris était inondé. On avait beau les arrêter, les interner en cas de récidive à la Force; ils revenaient, leur peine subie, pour continuer avec audace leur malpropre commerce.

Deux libraires du Palais-Royal, Pain et Gattey, avaient la spécialité des opuscules diffamatoires; quant aux livres obscènes, aggravés de figures, ils étaient fournis par un éditeur de la rue Percée, quartier Saint-André-des-Arts. La vente de ces derniers prospérait d'autant plus au Palais-Royal que la prostitution s'y donnait libre carrière. Le dérèglement des mœurs atteignait là de telles proportions que le maire de Paris dut intervenir pour épurer le jardin dont l'accès était impossible dans la soirée, en raison des scènes dégoûtantes qui se passaient sous les arbres.

Les rues voisines du Palais-Royal y déversaient, à la chute du jour, un flot de prostituées parquées naturellement dans les hôtels garnis, où s'abritaient en outre des gens plus que suspects. Pendant que ce beau monde donnait, dans les galeries et le jardin, le spectacle d'un libertinage éhonté, les maisons des arcades recélaient nombre de femmes galantes dont l'existence n'était d'ordinaire révélée que par des scènes tragiques.

Au même degré que la prostitution, le jeu florissait au Palais-Royal. Maison, boutique, cave, tout y était tripot; aussi le moindre coin se louait-il à des prix fantastiques. Les quatre rangées de boutiques ou échoppes édifiées le long de la façade du palais regardant le jardin, et connues sous le nom de galeries de bois, contenaient nombre de repaires où le jeu n'était qu'un moyen plus ou moins honnête de dévaliser les entrants. Les galeries de pierre contenaient autant d'*académies* que les autres; toutes, bien entendu, étaient tenues par des gens tarés dont la mauvaise foi donnait lieu à des plaintes continuelles et qui, la plupart, avaient à leur solde des coupe-jarrets prêts à toute besogne et assommant, sur un signe, les perdants rétifs. Le plus curieux, c'est que ces maîtres filous avaient souvent affaire à d'aussi malins qu'eux et encaissaient, sans s'en apercevoir, des billets imités de la Caisse Patriotique ou de faux assignats.

La prostitution et le jeu constituant un milieu favorable au développement du vol et du vagabondage, les diverses parties du Palais-Royal étaient littéralement infestées de malfaiteurs des deux sexes.

Le Palais-Royal, de plus, centralisait le commerce de l'argent. Il s'y tenait une sorte de Bourse où se donnaient rendez-vous tous les aigrefins qui draguaient sans vergogne le peu de numéraire en circulation dans Paris. Un agiotage effréné se pratiquait au Perron, en face de la rue Vivienne, déchaînant parfois les violentes colères de la multitude.

Pour comble enfin, l'hygiène et la salubrité laissaient en cet endroit autant à désirer que la santé morale, et la malpropreté des alentours y produisait une infection véritable.

Tous ces inconvénients bien qu'énormes, disparaissaient, pour le public, devant la variété des attractions qui faisaient du Palais-Royal une perpétuelle foire aux plaisirs. Parmi ces attractions figuraient quantité de spectacles forains et deux vrais théâtres : le Palais-Royal (anciennes Variétés-Amusantes) et les Beaujolais; c'est sur la dernière de ces salles que la Montansier, en devenant propriétaire, avait jeté son dévolu.

VIII

Origine vraie du Théâtre des Beaujolais. — Marion-
nettes et enfants. — Mlle Montansier supplante De
Lomel. — Sans privilège. — Tarif des places du
Théâtre de la demoiselle Montansier et tableau de
sa troupe. — Vingt-huit pièces en neuf mois. — La
Fête de la Fédération. — Terrassiers par plaisir. —
Comment on recevait les pièces au théâtre Montan-
sier.

On lit, dans certains gros ouvrages, que le
théâtre Beaujolais devait ce nom à son fonda-
teur, homme intelligent, singulier, dont on raconte des traits plaisants. Tout autre était son
origine.

En 1784, quand allait s'achever la transformation complète du Palais-Royal, Louis-Philippe-Joseph d'Orléans avait fait construire une
salle de spectacle à l'extrémité septentrionale
de la galerie Montpensier. Cette salle, louée

15,000 francs par an à un sieur De Lomel, fut,
à sa prière, mise sous l'invocation d'Alphonse-
Léodgar, titré comte de Beaujolais, troisième fils
du duc d'Orléans, et qui entrait à peine dans sa
cinquième année.

A si jeune protecteur devaient correspondre
des acteurs d'une espèce toute particulière;
c'étaient effectivement des marionnettes de trois
pieds et demi. *Les Petits Comédiens de Son Al-
tesse Sérénissime Mgr le Comte de Beaujolais*
débutèrent, le 23 octobre 1784, dans les pièces
suivantes : *Momus directeur de spectacle*, prologue-vaudeville en 1 acte, par Maillé de Maren-
cour; *Il y a commencement à tout*, proverbe en
un acte, mêlé de vaudevilles, et *Prométhée*, fable
ornée de chants et de danses, musique de Fro-
ment. Voici en quels termes les *Mémoires secrets*
rendent compte de cette première soirée :

« L'ouverture de la salle des comédiens de
bois a été faite avec presque autant d'affluence
que celle des Comédies italienne et française.
Cette salle est charmante, mais petite. Il y a
vingt-deux banquettes dans le parquet, deux
rangs de onze loges chacun, quelques loges grillées et des intervalles pour des spectateurs debout; en sorte qu'elle peut contenir environ huit
cents personnes. L'orchestre des musiciens est

spacieux, et le théâtre d'une étendue convenable même pour le jeu des machines d'opéra.

« De plain-pied au parquet sont deux chauffoirs, dont l'un en galerie et l'autre en salon carré; ils sont décorés avec autant de goût que de noblesse et meublés très élégamment.

« L'orchestre est excellent; les marionnettes sont bien faites et ont assez de vérité, sauf ces vilains fils d'archal qui les font mouvoir par en haut, dont le spectateur voit chaque différent mouvement et qui ôtent toute illusion. »

Prologue et proverbe étaient, par malheur, si médiocres, qu'on les siffla vertement; mais la fable en action obtint tous les suffrages. On y trouvait des décorations fraîches, des changements rapides, des vols de dieux, des nuages, du tonnerre, de jolies voix, tout ce qui, à l'époque, constituait le théâtre lyrique. Aussi redemanda-t-on les pantins qui s'inclinèrent, le plus gracieusement du monde, devant leurs juges gagnés.

A ces fantoches bien appris succédèrent, le 19 février 1785, des enfants qui mimaient les rôles sur la scène tandis que de grandes personnes parlaient ou chantaient pour eux dans les coulisses. Cette nouveauté eut un succès énorme, parce que l'exécution du double jeu était adroite au point que les étrangers, non prévenus, s'y trompaient fréquemment.

Alimentés par d'ingénieux auteurs comme Dorvigny, Guillemain, Maillot, Person de Bérainville, Boutillier et Gabiot de Salins, les Beaujolais — on leur donnait d'habitude ce nom abrégé — captivaient la foule quand une fâcheuse concurrence leur fut opinément suscitée. Le duc d'Orléans, en effet, autorisa Gaillard et Dorfeuille à exploiter, à l'autre extrémité de la galerie Montpensier, le privilège des Variétés-Amusantes, cédé par Lécluse. Installé d'abord dans un bâtiment en bois, ce spectacle prit, le 16 mai 1785, possession d'une très belle salle bâtie, à quelques mètres de l'autre, par Louis, architecte ordinaire du duc d'Orléans, et que la construction du Grand-Théâtre de Bordeaux avait rendu célèbre. Les Beaujolais, dès lors, durent redoubler d'efforts pour conserver leur clientèle; ils y parvinrent à l'aide de comédies, d'opéras-comiques, de ballets-pantomimes joués par MM. Delboy, Lefort, Labit, Damas, Michot, Guillot, Venier, Dubois, Mmes Trial, Brion, Vincent, Fournier, Montariol, etc. En 1789, pourtant, la vogue n'était plus à leur spectacle et les acteurs, non payés, refusaient souvent de paraître en scène; c'est au mois de juin, la même année, que

Mlle Montansier, arrivant de Versailles, eut envie
de leur petite salle, acquit les bâtiments qui la
contenaient, et, par des manœuvres adroites, sinon délicates, entreprit d'évincer De Lomel pour
se mettre en sa place. Dépréciés, harcelés, les Beaujolais quittèrent en janvier 1790 le Palais-Royal,
pour aller s'installer boulevard du Temple, où
les attendait la banqueroute.

Maîtresse du terrain, Mlle Montansier eut encore un obstacle à vaincre. Elle n'avait ni privilège ni moyen d'en obtenir un. Se fondant sur
les principes libéraux adoptés moralement par
tous, elle résolut de passer outre et d'ouvrir sans
l'autorisation de la municipalité parisienne.
Ainsi fit-elle, le 12 avril 1790.

L'*Almanach général des Spectacles* pour 1791,
indique comme il suit le prix des places, les
noms des administrateurs et des artistes du
Théâtre de la Demoiselle Montansier :

Prix des places :

Amphithéâtre et premières... 3 livres;
Orchestre .... 3 livres;
Secondes loges.................. 2 livres;
Parterre assis.................. 30 sous.

Directeurs :

Mlle Montansier, M. de Neuville.

Acteurs :

MM. César, Micalef, Dupuis, Amiel, Rémival, Baptiste cadet, Grain, Belmont, Gontier, Collin, Roland, Durand, Petitain, Félix, Fabre, Lallemand.

Actrices :

Mmes Lillié, Thomassin, Ferrière, Saint-Fervant, Luce, Gavaudan jeune, Lacaille, Bonnet aînée, Montgautier, Martin, Bonnet cadette, de Chièvre, Guilbert.

Le spectacle initial était composé d'un *Discours d'ouverture*, dans lequel le Cousin Jacques s'élevait avec énergie contre les privilèges, et des *Epoux mécontents*, opéra-bouffon en 4 actes, imité de l'italien par Dubuisson, musique d'Horatio Storace.

On s'étonna, dans les journaux, qu'une femme intelligente comme Mlle Montansier risquât pour son premier pas la traduction d'une pièce qu'on jouait dans l'original au Théâtre de Monsieur, avec une perfection rendant la concurrence difficile; mais elle avait surtout voulu faire connaître les chanteurs qui dominaient dans sa troupe et qui firent applaudir de belles voix, du goût et un parfait ensemble. Aussi, provisoirement, les directeurs s'en tinrent-ils aux pièces chantées auxquelles, par intervalles, s'ajoutaient des comédies nouvelles ou empruntées à d'autres scènes. Voici le répertoire qu'ils constituèrent ainsi, pendant les neuf mois qui suivirent :

13 avril 1790, *Livia, ou l'Italienne à Londres*, opéra en 3 actes, imité de l'italien par de Saint-Paterne, musique de .Cimarosa;

20 avril, *Hélène et Francisque*, opéra en 4 actes, imité de l'italien, par Dubuisson, musique de Sarti;

27 avril, *les Deux Sœurs*, comédie en 1 acte, en vers, par Gontier, pensionnaire du théâtre;

27 avril, *le Mort imaginaire*, opéra en 2 actes, par Ponteuil, musique de Bruni;

6 mai, *l'Arbre de Diane*, comédie en 3 actes, mêlée d'ariettes, par Dubuisson, musique de Vincenzo Martin;

15 mai, *l'Ami des Mœurs*, comédie en 2 actes, en vers, par C. Duverger et Desprez-Valmont (représentée en 5 actes, sur le théâtre de Rouen, le 17 décembre 1788);

20 mai, *Aimée, ou la Fausse Apparence*, opéra bouffon en 1 acte, par Pépin, musique de Gébauer;

28 mai, *le Maître généreux*, opéra en 4 actes, imité de l'italien, par Dubuisson, musique de Paisiello;

29 mai, *le Mariage de convenance, ou les Parents unis*, comédie en 1 acte, par ***;

14 juin, *la Coquette surannée*, comédie en 1 acte, par Bonnefoy de Bouyon;

16 juin, *l'Art d'aimer au village, ou l'Enchère amoureuse*, comédie en 1 acte, mêlée d'ariettes, par L.-H. Dancourt, musique de Lebrun;

21 juin, *Spinette et Marini, ou la Leçon conjugale*, opéra en 1 acte, par Bodard, musique de Bruni;

3 juillet, *les Amants sans amour*, comédie en 1 acte, par Monnet;

7 juillet, *l'Apothicaire*, comédie en 2 actes, mêlée d'ariettes, par Fabre d'Eglantine et Victor Simon, musique de Foignet et Victor Simon;

14 juillet, *la Fête en petit, ou le Dédommagement du cœur*, pièce patriotique en 2 actes, mêlée de chant, par Dorvigny.

Nous rencontrons ici le premier ouvrage politique donné chez Mlle Montansier. Il correspondait à la Fête de la Fédération, célébrée le jour même au Champ-de-Mars. Déjà, le 8 juillet, le théâtre avait fait relâche pour permettre à son personnel de prêter son concours aux travaux préparatoires de la cérémonie. Bien que 15,000 ouvriers y fussent employés, on craignait de n'être pas prêt pour la date fixée, et le gouvernement avait fait appel à la bonne volonté de tous les citoyens; c'était par suite au Champ-de-Mars une affluence de Parisiens qui, en habit ou en blouse, maniaient la pioche, la pelle ou la brouette. Dans ce combat d'émulation les gens de théâtre n'étaient point les derniers; mais, toujours fantaisistes, les acteurs travaillaient en musique pendant que les dames, habillées de mousseline et chaussées de satin, criaient, après le maniement d'outils minuscules, pour qu'on les ramenât en brouette à leur place, ce qui, bien entendu, entravait les travaux qu'elles prétendaient accélérer. La place toutefois fut prête à l'heure voulue, mais une pluie formidable attrista la fête qui, pour la dernière fois, unissait les Français dans un même sentiment.

24 juillet, *la Matinée bien employée*, comédie en 1 acte, par Mittié fils;

11 août, *les Noces cauchoises*, comédie en

2 actes, mêlée d'ariettes, par Fallet, musique de Champein;

26 août, *le Prix académique*, comédie en 1 acte, par Bonnefoy de Bouyon;

5 septembre, *la Vertu couronnée*, comédie en 1 acte, mêlée de chants, par ***;

23 septembre, *le Curieux indiscret*, opéra en 4 actes, imité de l'italien par Dubuisson, musique d'Anfossy;

30 septembre, *le Sourd, ou l'Auberge pleine*, comédie en 3 actes, par Desforges.

Succès retentissant pour Baptiste cadet, plaisant au possible dans le rôle de Dasnières. L'auteur de ce chef-d'œuvre l'avait cédé pour vingt-cinq louis aux directeurs qu'il enrichit. Disons que, généreux, ils donnèrent d'eux-mêmes à Desforges, le jour de la cinquantième représentation, vingt-cinq louis encore.

16 octobre, *la Muette*, opéra bouffon en 1 acte, par ***;

28 octobre, *le Roi Théodore à Venise*, opéra en 3 actes, traduit de l'italien par Dubuisson, musique de Paisiello;

11 novembre, *le Mariage clandestin*, opéra en 1 acte, par Ségur, musique de Devienne;

13 novembre, *les Fossoyeurs*, parodie-vaudeville en 1 acte du *Comte de Comminge*, par ***;

6 décembre, *l'Héritage inattendu*, comédie en
2 actes, par ***;

13 décembre, *la Communauté de Copenhague,
ou le Duc de Waldéza*, opéra en 3 actes, par
Bertin d'Antilly, musique de L. Jadin.

Au total, vingt-huit pièces. On voit que là,
comme partout, Mlle Montansier faisait preuve
d'une louable activité. Elle et sa troupe d'ailleurs vivaient en harmonie parfaite; les ouvrages, par exemple, étaient jugés par un comité
d'acteurs réunis à jours fixes, et l'auteur reçu passait à son tour, sans qu'aucun passe-droit le lésât.

IX

Tandis que Mlle Montansier et Bourdon-Neuville acquéraient, par d'intelligents efforts, droit de cité dans la capitale des arts, un éhonté libelliste écrivait sur eux — contre eux, pour bien dire — une brochure malpropre qu'ils entendirent bientôt crier sous leurs fenêtres. Elle portait ce long titre : *la Ribaude du Palais-Royal, ou Anecdotes intéressantes et gaillardes tirées de la vie libertine de Marguerite Brunet, dite de Mor...nsier, ancienne directrice des spectacles à la suite de la cour, et maintenant la doyenne des matrones du Palais-Royal, rédigées par le sieur Neuville, dit le Roué, coopérateur de la Montansier dans toutes ses entreprises*, sortait de « l'imprimerie des Courtisanes, à Paris », et se trouvait « dans tous les b... du Palais-Royal, sans même en excepter les Variétés-Amusantes ».

Si choquantes que soient nombre de ses pages, ce petit livre est lié si intimement à notre sujet que force nous est d'en faire l'analyse, d'en donner même des extraits abondants.

La première édition, publiée en 1790 avec huit gravures suggestives, fut tirée sans doute à grand nombre; elle figure, en effet, dans chaque procès-verbal de saisie faite par la police d'alors sur les colporteurs parisiens ou dans les librairies louches; les années l'ont rendue si rare qu'on la cherche vainement dans *l'enfer* de nos bibliothèques. Mais, au mois de juillet 1872, la Société des Bibliophiles Cosmopolites en fit, à Neuchâtel, une réimpression à cent exemplaires qu'on peut encore, à haut tarif, se procurer.

La Ribaude du Palais-Royal, comme la plupart des ouvrages libres, a l'apparence d'une confession. Neuville y tient la plume, tandis que

l'héroïne dicte elle-même les détails de ses fre-
daines amoureuses. Une épître dédicatoir˜ aux
polissons et grisettes évoluant autour de son
théâtre ouvre ainsi les pseudo-mémoires de la
Montansier :

« La liberté provisoire dont jouit maintenant
le Français me met à même, mes chères sœurs, et
vous, mes ardents prosélytes, de vous adresser
sans détour les anecdotes les plus intéressantes
de ma vie libertine et agréable, sans exposer
celui qui colportait sous le manteau les mémoires
du fameux *Dom B...*, ceux de *Thérèse philo-
sophe*, ceux de notre charmante Dubarry et tant
d'autres.

« Je puis donc en liberté vous peindre mes
égarements, mes amours clandestins, mes ressources ingénieuses· pour tous les plaisirs char-
nels, et vous donner des notions assez suffisantes
pour que vous sachiez à quoi vous en tenir sur le
vrai moyen de jouir de l'existence.

« Neuville, mon tenant, malgré toutes les infidélités que je lui ai faites et qu'il a complaisamment souffertes parce que la nécessité, la reine
des lois, l'y contraignait, Neuville donc, jadis
mon farfadet, mon greluchon, qui se prêtait avec
tant d'art à mes polissonneries, à mes ardentes
folies, le tout pour mon argent, veut bien aujour-

d'hui se prêter à reviser ce recueil. Si, pour le style, il ne l'emporte pas sur celui de *Félicia*, au moins le rendra-t-il plus énergique, et vous apprendrez par lui à connaître une femme dont Versailles, la capitale et une partie des provinces de la France se sont toujours entretenus, sans la connaître que superficiellement. »

Suit un Chapitre premier — et dernier — que nous allons transcrire, à l'exclusion bien entendu des passages trop révoltants, parce qu'il conte des faits sinon vrais du moins fort vraisemblables. Mais rectifions d'abord l'erreur grande des bibliographes qualifiant *la Ribaude* de libelle odieux contre Marie-Antoinette; la politique n'a rien à voir dans cette brochure, faite par un débauché sans talent mais sans haine :

« Je n'ai point la stature du colosse de Rhodes. Je n'ai point la vaste corpulence de la Tabouret, notre chère sœur, la pourvoyeuse des plaisirs publics. Je n'ai point non plus le physique massif de Toto Poirsin, ancienne directrice des spectacles de La Rochelle, ci-devant danseuse au Colysée et rouleuse dans les maisons d'amour du quartier Saint-Honoré; mais quoique âgée et, s'il faut le dire, sur le retour, mes appas, mon embonpoint auquel l'art donne une consistance attractive, font encore marcher

sur mes pas une foule d'admirateurs et de sou-
pirants. Je tiens à tous ces pauvres hères le bec
dans l'eau, parce que cela m'amuse et que mon
tempérament n'est plus celui qu'il était autrefois, c'est-à-dire le plus fort, le plus actif, le plus
laborieux, le plus infatigable, je ne dirai pas de
la capitale, où ils sont de cette espèce en grande
quantité, mais à peu près de toute la France. Si
c'est un crime, dame Nature en est seule coupable.

« Le grand monde où je me suis répandue,
aidée de la protection d'une reine qui n'a pas
dédaigné de m'assimiler à ses plaisirs, sur lesquels le respect et la reconnaissance me forcent à
garder le plus profond silence, le théâtre, mes
sociétés, m'ont donné cette tournure qui me faisait distinguer autrefois, mais dont j'ai toujours,
malgré les ans, conservé la forme et l'aperçu.

« Qui m'a connue à quinze ans à Nantes, à
Rouen, où je commençais à jouer la comédie
avec succès, pourra rendre justice aux vérités que
je vais annoncer. A quinze ans, dis-je, j'avais
des yeux qui, sans prétention, pouvaient passer
pour beaux, et dont le langage significatif semblait indiquer aux coureurs de bonnes fortunes
le besoin de mes sens. Mais, je l'avouerai, à cet
âge, j'étais encore vierge, bien malgré moi d'ail-

leurs. Surveillée par une mère rigide pour ses intérêts, elle destinait ma fleur au premier venu qui serait en état de la bien payer et, soit hasard ou mauvaise fortune, il ne s'en était point présenté qui puisse répondre à sa cupidité.

« Il vint enfin cet instant désiré où ma bonne mère eut le démenti de sa prévoyance et vit ses soins trompés; mais avant d'en venir à ce détail, mon amour-propre me force à peindre les charmes que la demi-décence du théâtre me forçait à dérober aux regards des amateurs des coulisses, et qu'en bonne conscience je ne cachais que parce que je ne pouvais faire autrement. Cette peinture va renouveler mes regrets et ma douleur en me forçant de les comparer aux tristes vestiges qui me restent. Mais le souvenir des plaisirs passés sert quelquefois de baume aux privations présentes... »

Ici, page lascive décrivant avec complaisance les beautés d'un corps « qui eût pu servir de modèle aux Grâces qui se sont développées sous le ciseau des Phidias et des Praxitèle », puis scène très vive montrant la Montansier pâmée, pour la première fois, dans les bras d'un de ses camarades, Bérinville, plus tard directeur du théâtre de Brest sous le nom de Beauménil; par suite, départ des amants pour Rouen, où ils arrivent après s'être mariés, sous seing privé, dans une des meilleures auberges de la route :

« ... Je fis signifier à la mère tendre et sensible, qui enrageait dans le fond de son âme, qu'elle avait perdu tous droits sur ma personne, et que je me réservais celui de disposer dorénavant de la vente, location, ou don gratuit de mes charmes, suivant l'usage et prérogative des beautés théâtrales, mais que sa conduite servirait de modèle à la mienne et que, pour peu qu'elle fût honnête, je lui accorderais du pain.

« Le traité fait, je demeurai tranquille ; mais peu de temps après Bérinville devint jaloux et mon libertinage augmenta. Molé vint à Rouen, je lui plus, ma figure lutine excita ses désirs, et j'en fis un heureux... »

Molé était aimable, mais avait en amour des goûts florentins; cela déplut à la belle qui le chassa et ne s'occupa plus qu'à lui donner des substituts. Elle fit alors une rencontre qui décida de son avenir :

« Le maréchal duc de Richelieu, celui que l'on disait relié en veau et doré sur tranche, à cause des rouelles de veau que chaque matin son valet de chambre lui appliquait sur la poitrine et sur les omoplates pour dérober à tout le monde l'exhalaison fétide qui sortait de son corps corrompu, enfin le soi-disant vainqueur de Mahon passa à Rouen. Il me vit, je lui plus sans doute et nous nous arrangeâmes... Le terme de mon engagement expiré, je fus à Bordeaux, dont le maréchal était gouverneur, et, du moment de mon arrivée, je commençai à remplir les conditions du bail que j'avais passé avec lui. Je l'avouerai, malgré les notions que j'avais recueillies dans mes lectures, j'étais encore novice dans le grand art de ranimer les forces d'un vieillard exténué; il eut la bonté de m'instruire et je m'en tirai si bien que ce trait me valut la protection de Richelieu qui, peu de temps après, me donna des témoignages de sa reconnaissance en me faisant obtenir la direction des spectacles de Versailles et à la suite de la cour.

« Louis XV régnait encore; j'eus l'honneur de lui être présentée; mais je suis de bonne foi, ce monarque, qui aurait recherché une jouissance sous le cotillon d'une servante ou d'une gourgandine, ne fit nulle attention à moi. Il est vrai que je m'y pris mal; j'affectai avec ce roi sale et débauché la décence, l'apparat des bonnes mœurs, et cela ne pouvait réussir avec lui qui, dans le besoin, aurait donné au plus voluptueux des sybarites des leçons de libertinage. D'ailleurs, la Du Barry était sur les rangs, et qui

mieux qu'elle pouvait captiver les bonnes grâces
de son roi et réveiller ses sens engourdis? Au
moins je puis rendre justice à cette Messaline :
elle ne regarda pas mes efforts d'un œil d'envie
et, si elle ne me fit pas de bien, au moins ne me
fit-elle pas de mal.

« J'avais conservé la plus grande partie des
acteurs qui composaient les troupes que j'avais
sous ma direction. De la Haye, Patrat, Lacaille
et Neuville en faisaient le principal ornement;
Verteuil le comique, qui est maintenant à Mar
seille, celui-là même avec lequel j'eus depuis
un procès qui, malgré ses mémoires imprimés,
ne lui fait point d'honneur, ne venait que de
contracter avec moi. Je ne savais trop comment
me comporter avec eux; j'avais le cœur vide et il
m'importait peu de le remplir; mais il n'en était
pas de même sur le chapitre de mes sens; j'avais
besoin d'un homme et, accoutumée à inspecter
les hommes et à juger de leur vigueur par
l'aperçu de leur physique, je n'en concevais point
bonne opinion. J'aurais bien mieux désiré m'ap-
proximer avec un cent-suisse de la garde du roi;
ces hercules à moustaches ne laissent point lan-
guir une femme dans l'attente du plaisir après
lequel elle soupire : fermes sur les reins, le jarret
bien tendu, ils vous ont plutôt exploité une créa-

ture qu'ils ne sont en état de vous adresser un compliment, et cette éloquence démonstrative vaut à coup sûr bien mieux que les fleurs de rhétorique de Cicéron, les cajoleries de nos petits-maîtres.

« La fatalité de mon étoile me fit décider en faveur de Neuville, et ce choix, pour me servir de l'expression de mes chères sœurs qui papillonnent au Palais-Royal, n'était pas le Pérou; car en honneur c'est bien le plus mauvais sujet des dix-sept théâtres de la capitale, y compris celui des Associés, où le nombre en est complet.

« Pour me dédommager de toutes les peines qu'il m'a fait essuyer, je le prie en grâce de ne point retrancher de ces traits de ma vie le portrait que je fais de lui. D'ailleurs je ne lui ferai point grand tort; il n'a jamais su rougir et est, dans toute la force du terme, ce que je puis de mon côté me vanter d'être, de manière que je n'ai pu mieux choisir, pour nous peindre tous deux, que l'épigraphe annexée au titre de cet ouvrage :

> Impudent, fat, escroc, ce fut là son destin,
> Pour compléter son sort, il prit une p.....

« Je glisse sur les premières années que je vécus avec ce polisson, qui fut assez adroit pour me captiver au point que je désirais continuellement sa présence. Or, ne lui faisant aucune infidélité, je n'aurais à peindre que quelques scènes révoltantes de ses caprices et de ses brutalités; je vais donc sur-le-champ passer à l'époque du mariage du monarque actuel avec l'archiduchesse d'Autriche, où je commençai à devenir conséquente et à prendre assez de consistance pour attirer sur moi les regards de la reine de France, qui se déclara depuis, contre toute décence et contre toute équité, ma plus zélée protectrice.

« Au temps où je parle, Neuville était à Rouen et y régissait une de mes troupes. Ce tempérament vif que j'ai déjà cité me tourmentait; j'avais de furieux besoins à satisfaire, car je ne comptais pas quelques passades faites avec La Rochelle, l'un de mes acteurs, avec Bérard, son camarade, etc. Il me fallait un homme qui me contentât assidûment et pût pourvoir à mes appétits. Je jetai les yeux sur le gros et grand Francisque, qui pour lors était mon régisseur à Versailles. C'est le plus grand coquin, le plus grand fourbe de toute la gent comique. Il fut d'abord soldat, puis valet d'opérateur, puis charlatan lui-même, ensuite comédien détestable et enfin termina par être mon régisseur.

« On sera sans doute étonné qu'avec ces titres

ignobles cet impudent personnage m'ait pu engager à lui accorder mes bonnes grâces; mais le
goût décidé que j'ai toujours eu pour les mauvais
sujets fera cesser cette surprise, et puis ne doit-on
pas être convaincu de cet axiome que qui se res-
semble s'assemble! D'ailleurs les motifs que j'ai
déjà déduits étaient plus que suffisants pour me
déterminer à cette nouvelle approximité. Francisque était bel homme, l'œil vif, le jarret bien
tendu, le teint coloré, la gorge noire, et avait,
pour me servir de l'expression du vil gredin de
Beaumarchais, qui se connaît merveilleusement
en payeur d'arrérages, les reins à la Dalène. En
fallait-il tant pour me décider ... »

Francisque a des moyens physiques qui satis-
font pleinement son amante; par malheur sa
délicatesse laisse fort à désirer :

« ...J'avais trop de judiciaire pour ne pas
m'en tenir au moins pour quelque temps à cet
Hercule moderne; je ne mis plus de bornes à mes
bontés pour lui; aussi le coquin se paya-t-il par
ses mains de ses prouesses amoureuses, pendant
un voyage que mes affaires m'avaient contrainte
de faire à Angers, en m'emportant trois ou
quatre recettes, montant à 1,600 livres, et s'en
fut à Bordeaux chercher les occasions de faire
quelques gentillesses de cette nature. A mon

retour j'appris cette catastrophe; un tendre souvenir arrêta ma vengeance, mais cette année devait être pour moi celle de la disgrâce, et le destin m'en préparait une qui me fut encore bien plus sensible.

« Les crâneries de Neuville m'avaient déjà causé les plus vives alarmes et avaient altéré ma bourse et la passion extrême que j'avais ressentie pour lui. Une des plus cruelles avait été celle d'être obligée de faire le sacrifice de mille écus pour apaiser l'affaire atroce qu'il s'était mise sur les bras, en précipitant du haut en bas un pauvre machiniste de ma troupe d'Alençon qui, ayant été congédié sans paiement, lui était venu demander de l'argent.

« Mais, grands dieux, que devins-je à la fatale nouvelle que je reçus, que ce monstre, pendant son séjour à Rouen et que je me délassais à Versailles dans les bras de l'amour des fatigues de ma direction, venait d'assassiner son perruquier, qu'il était arrêté, que le procès s'instruisait avec vigueur et que, cette fois-ci sans doute, il allait remplir son horoscope en expirant sur la roue !

« En toute autre circonstance j'aurais sans doute abandonné Neuville à sa malheureuse destinée; mais personne n'ignorait la manière intime dont nous avions vécu ensemble; d'ailleurs je me le représentais sur la croix fatale, et mon imagination ne peignait à mes yeux en pleurs que roues, bourreaux, barres et échafauds.

« La reine de France m'avait déjà donné des témoignages sensibles de la faveur singulière dont elle m'honorait; je fus me précipiter à ses pieds, et elle eut la faiblesse de me promettre la grâce d'un homme qui n'en méritait aucune.

« Louis XVI se montra d'abord inexorable, mais enfin céda aux sollicitations de son épouse. Neuville fut condamné, mais reçut sa lettre de grâce signée du roi au moment où il commençait à perdre l'espoir. Il revint à Versailles et je fus encore obligée de vider ma caisse pour terminer cette misérable affaire. Pour toute reconnaissance il me battit à outrance quelque temps après, et ne me traita depuis qu'avec le mépris le plus insultant.

« Désespérée d'être la victime de la monstrueuse ingratitude d'un scélérat qui m'avait tant d'obligations, je pris à mon tour le parti du dédain et me livrai de nouveau à mes excès libertins.

. . . .

« Malgré l'ardeur avec laquelle je me prostituais au masculin et au féminin, j'étais rongée d'inquiétude; mes finances étaient épuisées par les roueries de Neuville, et mes créanciers, acharnés contre moi, menaçaient de m'emprisonner. Ce fut encore la reine de France qui fut ma bienfaitrice dans ces moments de détresse et qui paya généreusement toutes mes dettes.

« En vérité, plus je réfléchis à tant de bonté de sa part, plus j'en recherche le principe et plus je m'y perds. Il est vrai que la reine, en me donnant tant de témoignages d'affection, n'oubliait pas ma troupe. Gontier, personnage que je conserve encore à cause de son talent, malgré les affronts que j'en ai essuyés, reçut de sa part un habit de velours gris, brodé en brillants de la plus magnifique espèce. Perceval, laid comme un singe mais malin comme un renard, eut part aussi à ses faveurs. Bérard, encore un roué des plus forts, remonta sa garde-robe aux dépens de cette princesse auguste. Enfin, au rang près, la séquelle histrionne de mon théâtre était plus considérée de la reine que les grands de sa cour.

« A peu près dans ce temps, je fis dans ma troupe l'acquisition de la Lillier pour première chanteuse : ce gosier de rossignol, admiré de la cour et de la ville, avait absolument les mêmes habitudes que moi; aussi nos cœurs ne tardèrent-ils pas à s'entendre... »

Supprimons par pudeur les duos lesbiens de la Montansier avec Mlle Lillier, puis avec la petite Simonet et Mme Lacaille, notons qu'elle avoue pour amants deux pensionnaires encore de son théâtre, Gontier qui la rata, Amiel qui, par contraste, courut la première nuit onze postes avec elle, et faisons à *la Ribaude du Palais-Royal* ce dernier emprunt :

« La reine m'avait retiré sa faveur, et dans ce temps trop occupée d'objets importants, c'était en vain que j'avais fait tout ce que j'avais pu pour la recouvrer; mes démarches furent sans succès. Le trouble de la cour, l'orage qui s'est manifesté depuis et qui se préparait, tout m'éloignait d'elle. Que faire, cependant? Il me fallut encore, malgré moi, avoir recours à mon roué.

« Neuville avait surloué aux Petits Comédiens de Beaujolais les deux arcades du Palais-Royal qu'il avait lui-même louées à son nom, quoiqu'avec mon argent. La Révolution arrivée, le monarque arraché de son palais de Versailles pour être détenu à Paris, toutes ces circonstances m'avertissaient que je ne pouvais plus rester à Versailles; je me réconciliai donc bien sincèrement avec Neuville.

« Le bail des Beaujolais expirait : je rentrai donc dans mes droits, ou plutôt mon souteneur dans les siens, à l'aide d'un procès qu'il leur fit et qu'il gagna.

« Je plaçai au Palais-Royal une partie de ma troupe de Versailles et j'y joignis quelques comédiens de la troupe de Monsieur, au nombre desquels je me permets de citer Fleury, père de l'actrice de ce nom au Théâtre-Français, qui avec des talents et quarante-cinq années, n'en est pas moins le plus franc polisson et le plus mauvais sujet de la capitale.

« Je jouis dans ce théâtre de tous les avantages ordinaires de la nouveauté : affluence de monde, recette abondante, nouveaux visages, et conséquemment accroissement de plaisirs, car je n'y renonce pas.

« Je distribue gratis des billets d'entrée aux catins errantes dans le jardin du Palais-Royal, elles raccrochent chez moi avec autant de liberté que dans les petits spectacles de la capitale; celles que je trouve jolies, j'en fais des tribades. Les mirliflors et les greluchons qui viennent papillonner dans mes coulisses, et qui ne sont pas trop bien avec la fortune, je les paie et ils me servent. Or donc, tout âgée que je suis, je f... et suis f...; sans chagrin, sans soucis, je passe mon temps entre le jeu, le vin, les hommes, les femmes, le lit, la table, et vis contente. »

Nos précédents chapitres permettent au lecteur de séparer, dans *la Ribaude*, les possibilités des choses manifestement inventées. Moins favorisés que la reine, trois fois effleurée d'insinuations vagues, Mlle Montansier et son féal Neuville reçoivent à chaque page, de l'auteur inconnu, de brutales étrivières. S'en émurent-ils ? Rien ne l'indique. Leur retenue fut sage; alors que la calomnie sévissait impunément contre les plus vertueux personnages, il eût semblé bizarre qu'un couple disqualifié s'insurgeât contre des médisances.

X

La Révolution et les gens de théâtre. — Civilisation
des comédiens. — Le droit des auteurs. — La
liberté des théâtres. — Mlle Montansier agrandit sa
salle. — Elle joue la tragédie. — Grammont, les
sœurs Sainval. — Un baiser qu'on bisse. — Le salon de Mlle Montansier. — Noirs et Rouges. — Après
Varennes. — Scandale à l'Opéra-Comique. — Le
foyer Montansier. — Mot de Saint-Just, billet de
Robespierre. — Une volte-face intéressée.

Dans les mesures libérales qui signalèrent ses
débuts, la Révolution fit aux gens de théâtre la
part belle.

Le 24 décembre 1789, elle accorda aux comédiens ce qu'on appelait alors *la civilisation*, c'est-
à-dire le droit d'être, comme les bons citoyens,
électeurs et éligibles dans tous les degrés d'administration. Jusqu'alors les acteurs, atteints ou
soupçonnés de mauvaises mœurs, formaient dans
la société une caste spéciale, avilie. L'admiration

des foules ne compensait que d'une insuffisante façon ce traitement humiliant et injuste. On les en affranchit avec justice; mais plusieurs d'entre eux, profitant trop de l'aubaine, coururent aux fonctions publiques avec une ardeur gênante pour l'exercice de leur art. Une plaquette du temps constate que la Comédie-Française seule fournit en un mois six officiers supérieurs à la garde nationale : Naudet, Grammont, Saint-Prix, Marsy, Dugazon et Champville. Il arriva souvent, par suite, que les spectateurs réclamant contre le lever tardif du rideau eurent du régisseur cette réponse : « Notre camarade X... est de service », et force leur était d'attendre que le fonctionnaire voulût bien venir les amuser. Un acteur même, pressé par l'heure, garda, dit-on, son uniforme pour jouer le rôle d'un valet. Cela n'était que ridicule, mais, comblant la mesure, des comédiens : Trial, Fusil, Monvel, Lays devaient plus tard s'associer aux pires excès démagogiques.

Après leurs interprètes, les écrivains réclamant virent décider par l'Assemblée Constituante qu'aucun ouvrage dramatique ne pourrait être représenté sur un théâtre public, dans toute l'étendue du royaume, sans le consentement formel et par écrit des auteurs.

Le 19 janvier 1791, enfin, la même Assemblée proclama, à la grande joie des entrepreneurs, la liberté pour tout citoyen d'élever un théâtre et d'y faire représenter des pièces quelconques en faisant une déclaration à la municipalité des lieux; le droit en outre de jouer les ouvrages des auteurs morts depuis cinq ans au moins. C'était l'abolition des privilèges et, en même temps, la suppression d'un monopole dont les théâtres royaux ne se faisaient aucun scrupule d'abuser à l'égard des modestes scènes.

Ces deux mesures favorisaient tout particulièrement Mlle Montansier et Neuville. Simplement tolérée, leur entreprise avait jusque-là dépendu d'un caprice administratif. En règle avec la loi, ils pourraient par surcroît réaliser le rêve secrètement caressé d'exploiter tous les genres, y compris le grand répertoire.

Pour cela toutefois un changement s'imposait. Volontiers favorables, la presse et le public se plaignaient parfois de l'exiguïté d'une scène bonne pour des marionnettes ou des enfants, mais sur laquelle des hommes semblaient de proportions exagérées. Il était heureusement possible d'augmenter la largeur du théâtre en prenant sur un des foyers, ainsi que sa longueur en utilisant un terrain disponible; quant à sa hau-

teur, on pouvait aisément l'augmenter de dix
pieds. Ces travaux divers furent exécutés par
l'architecte Louis du 15 avril au 13 mai 1791 ; la
scène acquit ainsi l'ampleur qui lui faisait défaut, pendant que la salle offrait au public
1,300 places réparties en trois étages et cotées de
1 livre 4 sous à 3 livres.

Complétée au point de vue comique par diverses recrues comme Lebrun, Damas, Fradelle,
Mlles Mars aînée et cadette, au point de vue tra-
gique par l'engagement de Grammont et des
sœurs Sainval, enlevés à prix d'or au Théâtre-
Français, la troupe de Mlle Montansier joua dès
lors alternativement l'opéra-comique, la tragédie,
la comédie, voire le vaudeville. On n'attend pas
de nous la liste des pièces créées ou empruntées
par elle. Les reprises dominent dans son répertoire car, tant qu'elle le put, Mlle Montansier
refusa d'admettre les pièces de circonstance que
recherchaient les scènes concurrentes. Il faut la
louer de cette mesure, car les à-propos, d'ordinaire médiocres, n'allaient pas sans fâcheuses al-
lusions pour la famille royale, de plus en plus
combattue.

Des interprètes tragiques acquis par Mlle Montansier, Grammont était le moins remarquable ;
de grands gestes, des cris remplaçaient chez lui

la composition et l'âme. L'aînée des Sainval, au contraire, avait un vrai mérite; elle jouait les rôles de reines et, quoique laide, produisait, avec sa mimique, de prodigieux effets. Plus jolie que sa sœur, Sainval cadette se montrait admirable de sensibilité dans les jeunes princesses. Egalement aimées du public, les deux actrices étaient en mésintelligence quand, au théâtre Montansier, une représentation de *Sémiramis* les montra côte à côte. L'aînée faisait Sémiramis, la plus jeune Azéma; or, à certain moment, la reine et la princesse s'embrassent. Au courant de la brouille des Sainval, le public applaudit l'accolade en criant : *Bis! bis!* Les deux sœurs attendries se jetèrent alors dans les bras l'une de l'autre, scellant aux yeux de tous une réconciliation durable.

Nous avons dit qu'à son théâtre Mlle Montansier évitait de donner des ouvrages inspirés par les circonstances. Prudente était cette attitude, car, si le peuple se redressait devant la royauté, celle-ci restait debout et susceptible malgré tout d'une résistance triomphante. Mais, neutre comme directrice, Mlle Montansier mettait comme femme tout en œuvre pour s'assurer des protecteurs dans chacune des factions rivales.

Elle habitait, au-dessus du café de Chartres, un second étage communiquant avec son théâtre, et dans lequel, dès les premiers jours, elle avait ouvert un salon à toutes les personnalités parisiennes. Le ton y fut d'abord des meilleurs et les sujets qui s'y traitaient généralement élevés. Fabre d'Eglantine, Beaumarchais, Talma, Barras, Tallien, Chénier y tempéraient, par leurs discours littéraires, la fougue des Girondins épris de politique. Mais les poètes gênés cédèrent progressivement la place aux tribuns, et le salon de Mlle Montansier devint une Assemblée en raccourci. Là, comme dans toute la France, évoluèrent, dès lors, deux partis, les *noirs* ou rétrogrades, les *rouges* ou avancés; le difficile était de maintenir l'équilibre entre ces frères ennemis et d'éviter, sinon les joutes oratoires, du moins les mots cruels et les rixes. Mlle Montansier y parvint longtemps en peuplant son salon de beautés dont les grâces et l'esprit combattaient la fâcheuse politique. Les actrices Vanhove, Sainval, Contat, Desgarcins, Mars aînée, Thénard, les danseuses Rivière et Rose s'acquittaient à l'envi de leurs rôles de conciliatrices. Experte en la matière, leur hôtesse les guidait, les encourageait, veillait à ce que rouges et noirs eussent même part aux faveurs des colombes. Mais, le flot révolutionnaire continuant à monter, Mlle Montansier, que ses anciens rapports avec

la cour rendaient suspecte, crut utile d'opérer
dans un champ moins restreint : elle ferma son
salon et lui substitua le foyer public de son
théâtre.

La fuite de la famille royale, son arrestation
à Varennes, avaient donné contre elle, aux opposants, des armes formidables. Ses défenseurs se
faisaient rares et l'animosité publique croissait,
par contre, d'heure en heure. On cite, de cet état
d'esprit, la preuve suivante :

Le théâtre Favart jouait les *Evénements im-
prévus*. La reine, entrée dans sa loge au milieu
du premier acte, entendit des murmures; sa fierté
n'abdiquant jamais, elle jeta sur le parterre un
regard froid et s'assit. Quelques sifflets partirent,
sans que personne protestât. Au deuxième acte,
Mme Dugazon, qui faisait la soubrette, était en
scène avec Chenard, chargé du rôle du valet; ils
commençaient leur duo, quand une injure lancée
contre la souveraine provoqua des rires. Chenard
venait de chanter ce vers :

J'aime mon maître tendrement,

et Mme Dugazon avait à répondre :

Ah! combien j'aime ma maîtresse!

Froissée dans ses sentiments, la courageuse actrice s'approcha de la loge royale et chanta sa phrase en l'adressant expressivement à Marie-Antoinette. Cette déclaration souleva dans la salle une tempête qui dégénéra en bataille; la reine vaincue par l'émotion se retira, et Mme Dugazon, quittant la scène, refusa d'achever son rôle.

Le foyer du Palais-Royal devint, comme le désirait Mlle Montansier, un terrain neutre où les chefs de groupes, accueillis d'une humeur égale, se distrayaient, au milieu des artistes, de leurs pénibles travaux. Il servit peu pourtant l'idée pacificatrice, car à côté des rivalités politiques surgissaient souvent des rivalités d'amour. Les tribuns, descendus de leur piédestal, faisaient aux étoiles dramatiques ou chantantes une cour forcément accueillie. A l'aise dans cette atmosphère d'intrigue, Mlle Montansier louvoyait entre les adversaires avec un bonheur rare. Si par hasard elle se trompait, on la voyait bientôt réparer son erreur par quelque audace intelligente.

Elle n'eut alors à traverser que deux épreuves sérieuses. La première eut pour prétexte l'apparition du manifeste insolent adressé à la France par le duc de Brunswick. Le jour où on le publia (28 juillet 1792), la fureur populaire, excitée par les chefs de la Montagne, ne connut plus de bornes. Un bruit incrimina à ce sujet l'attitude de notre héroïne; elle avait, disait-on, applaudi les menaçantes phrases du prince allemand et déclaré sa sympathie pour La Fayette, taxé de trahison. Le soir même, au foyer de son théâtre, elle subit une alerte. Camille Desmoulins, exalté par les manifestations publiques, y lut le manifeste tandis que Saint-Just, qui avait une raison d'en vouloir à Mlle Montansier, suivait sur son visage l'effet de la lecture. Quand Desmoulins se tut, Saint-Just dit, sur un ton d'ironie : « Notre aimable directrice ne m'a pas paru sentir tout l'odieux et le ridicule de cette pièce. » — Mlle Montansier vit le piège; se levant aussitôt, elle arracha des mains du Girondin le dangereux papier en s'écriant : « C'est qu'aussi notre cher Camille a lu cela sans nous faire comprendre le côté saillant de la chose. » — Puis elle relut le manifeste avec tant d'emphase, des intentions si personnelles, des commentaires si amusants qu'elle mit tout le monde de son côté.

C'est en favorisant Vergniaud auprès de Mlle Rivière, que Mlle Montansier s'était attiré la rancune de Saint-Just, épris de la danseuse; c'est pour avoir servi encore l'amour de Louvet pour Mlle Sainval cadette qu'elle s'attira, vers la même

date, ce menaçant billet d'un rival déclaré :
« Citoyenne, on prétend que l'esprit français
s'est réfugié dans ton théâtre; crois-moi, ne le
fais pas servir à me railler. Et puis, si je respecte
tes plaisirs, respecte les miens, car j'en ai bien
peu au milieu de mes graves préoccupations.

« ROBESPIERRE. ».

Elle se le tint pour dit et fit sur l'avenir de
très sages réflexions. Après les royalistes, les
réformateurs modérés perdaient chaque jour du
terrain. N'était-il pas dès lors habile de sacrifier
ses goûts pour suivre le courant, de mettre
comme les autres son théâtre au service des idées
avancées, et de donner aux révolutionnaires des
gages indiscutables de civisme? Elle hésitait
encore, quand un événement lui permit de parer
de quelque noblesse d'âme une volte-face dictée
surtout par l'intérêt.

XI

La Patrie en danger. — Armes cachées. — Mlle Montansier forme une compagnie franche. — Deux accidents. — Jemmapes. — Représentation sur le champ de bataille. — Un retour gai. — Renard, Bautrichard et le Commandant. — Nuit agitée. — Amoureux vigilant. — La fin d'un coq.

Menacée d'une coalition comprenant la Prusse, l'Autriche, la Russie et le pape, l'Assemblée législative déclara, le 11 juillet 1792, la patrie en danger. Dès ce jour ses séances devinrent permanentes; des coups de canon, tirés par intervalles, annoncèrent la grande crise; toutes les municipalités, tous les conseils de district et de département siégèrent sans interruption; toutes les gardes nationales se mirent en mouvement. Des estrades furent élevées au milieu des places publiques, et des officiers y reçurent, sur une table portée par des tambours, les noms de ceux

9

qui venaient s'enrôler volontairement : ces engagements s'élevèrent jusqu'à quinze mille dans un
jour.

La journée du 10 août, la suspension puis
l'emprisonnement du roi qu'elle amena, doublè-
rent encore l'enthousiasme, auquel l'Assemblée
donna un suprême aliment en décrétant la formation d'un camp sous Paris. Cette dernière
mesure eut pour corollaire l'ordre à tout citoyen,
sous les peines les plus graves, de remettre aux
autorités les armes en sa possession. A cette date
même, un ennemi secret de Mlle Montansier l'accusa de cacher, dans les dessous de son théâtre,
un nombre énorme de fusils. C'était pousser simplement au pillage et à l'incendie de la salle du
Palais-Royal. Très énergique, Mlle Montansier
protesta, dans un placard, contre la dangereuse
calomnie en préparant, avec Neuville, une triomphante réplique. Le 3 septembre effectivement,
pendant que Billaud-Varennes et Maillard pré-
sidaient, dans les prisons, au massacre des
royalistes, une troupe de volontaires formée par
les deux directeurs se présenta à la barre de
l'Assemblée, et Neuville y donna lecture de
l'adresse suivante :

« Législateurs,

« L'entrepreneur associé de la demoiselle
Montansier, directrice du théâtre de ce nom, les
acteurs, les danseurs, les musiciens, les artistes
ouvriers et machinistes employés audit théâtre,
tous frères et amis, nous étions respectivement
enchaînés par les mêmes devoirs. Le danger émi-
nant (*sic*) de la patrie nous dispensant aujour-
d'hui de ces devoirs, nous nous présentons, d'accord avec notre directrice, au nombre de 85,
dont 15 armés et 70 non armés, et nous vous
demandons la permission de former entre nous
une compagnie qui se joindra au nombre d'hommes que fournira la section dite des Moulins,
commandée par le commandant Lebrun, pour
marcher ensemble, dès la première réquisition,
pour le camp qui se forme sous Paris pour s'opposer à la marche des ennemis qui menacent et
la patrie et notre liberté. Ceux d'entre nous qui
laissent des femmes et des enfants partent sans
inquiétude et rassurés par les décrets que l'Assemblée nationale a rendus à ce sujet. »

Applaudi par les assistants, le président
remercia la députation qu'il admit aux honneurs
de la séance, tandis que l'Assemblée votait la

mention honorable et l'insertion de l'adresse dans son procès-verbal.

La minute de cette pièce, conservée aux Archives Nationales, ne porte point les noms des défenseurs offerts par elle à la patrie; nous savons pourtant qu'ils avaient, comme officiers, l'auteur Gallet; Deville, secrétaire; Magniaudé, régisseur; Gilbert, chef d'orchestre; Delzenne, second violon; Durand fils, jeune premier; Séveste, danseur, et que des artistes d'autres scènes, Elleviou, Clausel, Lartigues, Gavaudan, y figuraient comme volontaires.

Constituée sans délai, la compagnie Montansier fut casernée au Louvre. Un accident s'y produisit : pendant la nuit du 8 septembre, une jeune recrue, le peintre Jourdain, tomba du balcon et s'écrasa sur les pavés. Sans s'effrayer de ce présage, les patriotes, inutiles à Paris, partirent bientôt pour la frontière. A Reims, un contretemps les attendait encore. Commandant obligé de sa troupe, Neuville, sportsman médiocre, tomba de cheval; on le releva avec le bras gauche démis. Mlle Montansier, prévenue, accourut pour soigner son ami, et les artistes-soldats poursuivirent leur route, sous la conduite de Clausel. Le 26 octobre, ils entraient en Belgique; cinq jours plus tard ils atteignaient Cues-

mes où campait l'armée commandée par Dumouriez.

« J'attends les Prussiens, avait écrit le général à la Convention, héritière de l'Assemblée
Législative; le camp de Grand-Pré et celui des
Islettes sont les Thermopyles de la France, mais
je serai plus heureux que Léonidas. »

Bientôt, en effet, la victoire de Jemmapes
réjouit les bons Français en étonnant l'Europe
(6 novembre). Un détail singulier de cette
bataille, c'est qu'un instant pliante, une brigade
chargée d'un poste important avait été ramenée
du péril au succès, par le jeune Baptiste Renard,
simple valet de chambre de Dumouriez.

Au cours du rapport fait à la Convention, le
général dit qu'à Jemmapes chaque bataillon,
chaque escadron s'était battu et de très près;
il est permis de croire que, comme les autres, les
volontaires nouveaux firent leur devoir, mais on
cherche vainement, dans le document officiel, la
mention spéciale que, suivant un auteur, la compagnie Montansier aurait méritée.

L'annonce du triomphe de nos armes donna à
Mlle Montansier la singulière idée d'aller, comme
autrefois la troupe de Favart, donner une représentation sur le champ de bataille. Elle fit partir
en poste, de Paris, un fort lot de costumes et,

quittant Neuville qui n'avait plus besoin d'elle, partit avec la danseuse Rivière pour le camp républicain.

Ami des arts et connaissant la directrice, Dumouriez se prêta sans peine à son désir, et la plaine de Jemmapes vit s'élever rapidement un théâtre en planches. Sur cette scène, construite par nos soldats eux-mêmes, fut donnée aux Français vainqueurs et aux Belges affranchis une représentation dont l'affiche, clouée sur un immense poteau, était ainsi conçue :

La Troupe des Artistes patriotes

SOUS LA DIRECTION DE MADEMOISELLE MONTANSIER

donneront (*sic*) aujourd'hui, 12 novembre 1792

devant l'ennemi

LA RÉPUBLIQUE FRANÇAISE

Cantate chantée par les citoyens ELLEVIOU, GAVAUDAN et LARTIGUES.

LA DANSE AUTRICHIENNE

(*Le public est prié de ne pas oublier que les Autrichiens
sont des Français déguisés pour la circonstance.*)

LE DÉSESPOIR DE JOCRISSE

La plaine sera ouverte depuis le matin.

Le spectacle commencera à deux heures.

Le succès, comme on pense, fut très grand. Le lendemain, Mlle Montansier reprenait, avec

Mlle Rivière, le chemin de Paris. Elles firent la route avec la députation chargée de présenter à la Convention les drapeaux pris à l'ennemi. Dans cette députation figuraient Baptiste Renard, le domestique qui avait décidé la victoire, un rude capitaine nommé Bautrichard, et certain fringant commandant.

Mlle Montansier pensait bien que la formation de sa compagnie et la mémorable représentation de Jemmapes lui vaudraient les bonnes grâces des puissants, mais elle désirait plus encore. Politique adroite, elle entoura de soins, de prévenances le jeune Renard, espérant profiter elle-même de la popularité qui l'attendait dans la capitale. Renard rendait en confiance les douceurs dont on le comblait, mais ce double manège agaçait Bautrichard, épris des charmes mûrs de la directrice. Si nous ajoutons que le commandant gratifiait Mlle Rivière d'assauts quotidiens, on comprendra que le voyage ne devait pas aller sans incidents plaisants ou graves.

Un livre dont nous avons utilisé déjà plusieurs pages — *la Vie de théâtre*, par Victor Couailhac — conte avec trop de verve l'épisode final du retour de la Montansier, pour que nous ne transcrivions pas simplement ce récit :

« Arrivé à Chauny, on fut obligé de passer

la nuit, et l'Hôtel du Grand-Cerf était seul digne de recevoir de pareils hôtes.

« Le souper se passa en roucoulements de la part du commandant et coquetteries de la part de Mlle Rivière; en protestations énergiques de la part de Bautrichard à Mlle Montansier qui, elle, comblait le jeune Baptiste Renard des mets les plus délicats et des vins les plus exquis. Ce dernier était littéralement bourré par sa protectrice.

« Après le repas, chacun regagna sa chambre, et le capitaine assez échauffé reconduisant son adorée jusqu'à sa porte, lui dit avant de la quitter : « Dormez en paix, je veille sur vous; je ne suis pas un Turc ni même un barbare, mais je passerais mon sabre à travers le corps de celui qui troublerait votre sommeil. »

« La première partie de la nuit se passa bien; mais le jeune Renard, peu habitué à la nourriture succulente qu'il avait pour ordinaire depuis quelques jours, et surtout aux vins qu'on lui avait versés à discrétion, avait joui de ces biens de la terre jusqu'à l'indiscrétion. Aussi, vers deux heures du matin, il se sentit assez indisposé pour être obligé de se lever; ignorant la disposition du local et cherchant à s'orienter, il se dirigea vers le couloir où étaient situées les chambres des dames.

« Mais Bautrichard veillait comme il l'avait promis. Il entend du bruit et sort de sa chambre assez à temps pour apercevoir un fantôme blanc qui s'évanouissait dans les ténèbres jusqu'à la porte de la chambre de Mlle Montansier. Furieux, il se précipite le sabre à la main, enfonce la porte de l'objet de son culte, et entre en faisant le moulinet avec son sabre en criant : « Scélérat, tu ne périras que de ma main! »

« Au milieu du violent exercice auquel il se livre, il atteint un gros chat qui dormait tranquillement sur un canapé. L'animal rugit de fureur, fait un saut terrible et va retomber sur la croupe de Mlle Montansier qui, effrayée, se levait et cherchait ses pantoufles. Les griffes **de** l'animal s'enfoncent profondément dans les chairs de la dame. Celle-ci, poussant des cris de douleur, se précipite dans la chambre de Mlle Rivière et va tomber lourdement sur son lit. Ce meuble, de vieille date sans doute, s'affaisse, et l'on entend sortir de dessous cet amas de rideaux, de matelas et de femmes, des jurons accentués et des gémissements.

« C'était le jeune commandant qui, au premier bruit, s'était caché sous le lit, et qui, écrasé,

mêlait ses cris au concert déjà assez bruyant qui
se faisait entendre.

« La femme de l'aubergiste arrive avec de
la lumière, éclaire ce prodigieux tableau, dont
l'absence de costumes était loin d'affaiblir l'amusante vérité.

« Tout s'expliqua et chacun acheva mal une
nuit déjà mauvaise.

« Si Mlle Montansier fut flattée des preuves
d'amour de son paladin, elle n'en eut pas moins,
le lendemain, beaucoup de difficultés pour s'as-
seoir dans sa chaise de poste.

« Jusqu'à Paris, elle s'écria souvent : « Ce
diable de Bautrichard, il a des manières de vous
prouver son amour aussi flatteuses que désagréables. — Quant à ta vertu, ajoutait-elle en
s'adressant à Mlle Rivière, sans cet accident...
Ah! elle l'a échappé belle! »

« Mlle Rivière se contentait de baisser les yeux
sans répondre.

« De retour à Paris, Mlle Montansier, quand
elle racontait les événements de cette nuit agitée, terminait toujours son récit, avec un certain
plaisir, par l'anecdote suivante :

« Quand la maîtresse de la maison vint nous
sortir d'embarras, je lui demandai, avant de ren-

trer dans ma chambre, pourquoi son mari n'était pas venu avec elle?

« — Ah! madame, répondit-elle, mon mari dort comme un sourd. Imaginez-vous qu'il est parti, il y a quelque temps, soi-disant pour affaires, et il en avait pour quarante-huit heures, à Noyon. Il y est resté quinze jours et n'est revenu qu'hier au soir. Au lieu de me témoigner sa joie de me revoir, ce qui eût été bien naturel après un an de mariage, il s'est couché immédiatement, a tourné sa figure du côté de la ruelle et s'est endormi profondément, sans répondre à aucune de mes questions... assez pressantes cependant.

« — Pauvre petite femme!

« — Ah! madame, reprit-elle en me montrant Bautrichard, ne méprisez pas ce brave homme; il n'est pas beau, mais des hommes qui veillent comme ça, les armes à la main, c'est rare, allez!

« Le lendemain matin, Mlle Rivière et moi, assez éprouvées par cette nuit orageuse, nous attendions dans la cour de l'auberge pendant qu'on attelait nos chevaux. Nous vîmes une petite poule qui roucoulait avec une certaine coquetterie autour d'un superbe coq qui semblait plongé dans une douce somnolence.

« Le coq cependant se réveille, regarde la poule, la flaire plusieurs fois et s'éloigne d'elle avec dédain, pour aller plus loin se coucher et reprendre son sommeil interrompu.

« Nous nous prenions à sourire de cette petite scène de basse-cour, quand tout à coup nous voyons se précipiter sur le coq la maîtresse d'auberge, qui s'écrie :

« — Ah! maudit coq, tu as donc été à Noyon aussi, toi!

« Elle lui tordit le cou sans aucune hésitation... »

XII

Exhibition adroite. — Une excellente idée. — Docu-
ments inédits. — Mlle Montansier missionnaire de
la République. — L'esprit belge apprécié par elle.
— Opposition des directeurs bruxellois. — Les conditions qu'accepte Mlle Montansier. — Sa tâche commence. — Deux fêtes populaires. — Les Brabançons
rétifs. — Une dénonciation. — Nouveaux subsides.
— Les Français quittent Bruxelles. — Bilan de
l'entreprise.

Présenté le 10 novembre à la Convention
comme ayant rallié cinq escadrons, trois batail-
lons, et s'étant jeté le premier, sabre en main, sur
un retranchement qu'il avait forcé, Baptiste Renard fut embrassé par le président et reçut, aux
applaudissements des tribunes, l'autorisation
qu'il sollicitait de prendre du service, ainsi que
la promesse d'un bel uniforme. Il devint, par
suite, le lion du moment; aussi Mlle Montansier

eut-elle soin de s'exhiber à ses côtés, le jour dans une calèche, le soir dans quelque loge bien en vue.

Elle consolida ainsi le renom de patriotisme qui la garantissait contre tout reproche du passé. Cet effet produit, elle vit sans peine repartir pour l'armée l'ancien domestique devenu lieutenant, Bautrichard fait commandant et leur galant camarade. Son imagination féconde venait de trouver le moyen d'assurer l'avenir; il s'agissait simplement de jouer, auprès des gouvernants démocrates, le rôle qu'elle avait tenu jadis auprès de Marie-Antoinette la fière, de devenir enfin directrice des spectacles à la suite de la République, comme elle l'avait été à la suite de la cour.

Bruxelles, où l'aiderait la sympathie de Dumouriez, était un champ d'expérience tout trouvé; restait à avoir l'autorisation, l'appui même du pouvoir compétent; c'est cette faveur grande que sollicita l'habile femme, dans la lettre suivante au ministre des Affaires étrangères :

« Paris, ce 26 novembre 1792.

« Ministre citoyen,

« Les braves héroïnes Fernig combattent pour la Liberté; moi, je veux tâcher d'en propager les principes et l'amour. Les moyens dont je veux faire usage sont ceux des illusions et de la séduction, et je dois m'en promettre des effets non moins sûrs que de ceux obtenus par nos armées. Vous applaudirez sans doute à mes vues, digne citoyen, et je m'empresse de vous les faire connaître et de vous prier de les couvrir de votre bienveillance.

« Pleine de confiance dans les succès du général Dumouriez, je le vis à son passage à Paris, je lui demandai l'agrément de conduire à Bruxelles, aussitôt qu'il y serait entré, une *troupe de la Propagande*. Il sourit, m'approuva et m'y donna rendez-vous pour les fêtes de Noël. Plus heureux que présomptueux, il y est entré dès le 14 de ce mois; et je n'ai pas perdu de temps pour réaliser nos conventions. Mon associé Neuville s'est rendu près de lui, mais, comme il y avait dans cette ville une troupe en possession, le général a voulu concilier sa promesse et ses égards pour la justice. Il a chargé le général Moreton de prendre un mode à cet égard, et il en est résulté que, compensation faite des talents des deux troupes, il naîtrait un avantage pour elles et pour le public de leur réunion. Celle de Bruxelles, composée d'un opéra superbe, a des voix supérieures tant en hommes qu'en femmes, et surtout un nommé Mick qui remplit les rôles de Laÿs et Chéron. La mienne a les demoiselles Sainval, Dufraisse, l'aide de camp du général Moreton, Grammont et d'autres sujets très estimables; et, avec cette variété de talents dans les deux genres, nous serons à portée de donner à Bruxelles tout ce qui a paru jusqu'à ce jour de pièces patriotiques et de sujets qui peuvent l'être même en pantomime, comme l'hyme (*sic*) des Marseillais, pour lequel j'ai une partition superbe que je n'ai pu donner à Paris par la pompe qu'elle exige.

« Mais, citoyen ministre, tous nos préparatifs avancent pour le départ de nos pensionnaires et des bagages nécessaires à mon entreprise et, pour que les uns ni les autres n'éprouvent pas de tracasseries sur la route ou du retard, et qu'ils trouvent à Bruxelles ou dans les autres villes du Brabant *secours et protection*, j'ose vous demander un acte quelconque ostensible qui manifeste quelque bienveillance de la part du gouvernement pour cette entreprise et les membres qui y concourront. Les têtes brabançonnes sont encore bien empâtées de préjugés. Ce que je fais comme particulier devrait peut-être être pris par des ministres aussi sages que patriotes comme une mesure très essentielle pour propager les grands principes de notre Révolution : j'irais donc à penser que, réussissant, elle aurait acquis des droits aux bienfaits de la patrie, et que, ne réussissant pas, elle en aurait encore à des encouragements. Mais c'est à la sagesse du Conseil à considérer ce que les circonstances pourront exiger ou mériter. Mon seul objet, en ce moment, c'est de vous prier de m'accorder ce signe ostensible de bienveillance que je sollicite avec confiance d'un ministre aussi estimable par ses lumières que par ses talents et ses qualités personnelles.

« DE MONTANSIER. »

A l'épître était jointe cette nomenclature engageante :

Répertoire provisoire des pièces que la troupe de la Citoyenne Montansier jouera à Bruxelles.

TRAGÉDIES ET DRAMES

Scævola	DU RYER.
Charles IX	CHÉNIER.
Brutus	VOLTAIRE.
La Mort de César	*Idem.*
Guillaume Tell	LE MIERRE.
La Ligue des tyrans	RONSIN.

Marius à Cirthe............	HÉNAULT.
Le Comte de Comminge..	D'ARNAUD.
Euphémie................	*Idem.*
Les Victimes cloîtrées......	MONVEL.
Ericie, ou la Vestale......	FONTENELLE.
Mélanie................	LA HARPE.
La Mort de Beaurepaire...	DUMANIANT.

COMÉDIES

L'Intrigue épistolaire......	FABRE D'EGLANTINE.
Le Convalescent de qualité.	*Idem.*
La Liberté conquise.........	DE HARNI.
La Fédération..............	D'HERBOIS.

CHANT

L'Hymne des Marseillais, à grand spectacle,
Le Départ des Volontaires pour l'armée,
Les Deux Héroïnes de Saint-Amant,
L'Officier de fortune,
Le Siège de Lille,
La Carmagnole à Chambéry.

Le ministre auquel s'adressait Mlle Montansier
était ce Lebrun-Tondu qui, d'après Mme Roland,
« passait pour un esprit sage parce qu'il n'avait
d'élans d'aucune espèce et pour un habile homme
parce qu'il était un assez bon commis. » Sans
esprit ni caractère, il ne se formalisa pas de la

particule bizarrement arborée par la solliciteuse
et lui répondit aussitôt :

« Paris, 27 novembre 1792.

« J'ai reçu, citoyenne, la lettre que vous
m'avez écrite hier; je ne puis qu'applaudir au
louable dessein de propager dans la Belgique,
avec tous les moyens puissants qui sont dans vos
mains, les principes et l'amour de la Liberté et
de l'Egalité, en même temps que les succès de
nos armes affranchissent ses habitants de la
servitude et de l'esclavage sous lesquels ils
étaient courbés depuis si longtemps.

« Votre entreprise est trop belle pour que je
ne sois pas empressé, en mon particulier, à vous
obtenir tous les encouragements dont elle est
susceptible et que doit vous mériter votre zèle.

« Je mettrai en conséquence votre demande
sous les yeux du Conseil ce soir, et je ne doute
pas de le trouver dans les mêmes dispositions
que moi : c'est presque vous assurer votre demande.

« Vous vous trouverez en bonne compagnie à
Bruxelles, car je suis instruit que nos meilleurs
artistes de l'Opéra et d'autres théâtres de la capi-

tale se proposent d'y faire une apparition et de concourir avec vous à instruire les Belges dans le grand art de la Liberté par les charmes et la gaîté de leur talent.

« Je vous salue, citoyenne, bien fraternellement. »

Il tint parole et obtint, pour la Montansier, le succès qu'il avait cru pouvoir lui promettre :

« Paris, 28 novembre 1792,

« Je vous avais annoncé, par ma lettre d'hier, que je mettrais sous les yeux du Comité Exécutif la lettre que vous m'avez écrite relativement à votre projet d'aller dans la Belgique propager les principes de l'amour de la Liberté et de l'Egalité. Il a beaucoup applaudi à cette entreprise et a pris un arrêté qui vous sera remis et qui vous tiendra lieu du titre ostensible que vous avez paru désirer. Il a même été résolu qu'on vous donnerait des encouragements.

« Je me félicite d'être dans ce moment l'organe du Conseil pour vous faire part de sa satisfaction, et je vous invite à venir me voir pour déterminer ensemble ce qu'il sera possible de faire pour vous dédommager des dépenses que doit nécessairement occasionner l'exécution de votre projet.

« *Le ministre des Affaires étrangères,*

« LEBRUN. »

Surprise de voir ses vœux comblés d'une manière aussi prompte, Mlle Montansier riposta par ces lignes charmantes :

« Ce jeudi, 29 novembre.

« Digne citoyen ministre,

« Je reçois votre seconde lettre et je la relis pour bien me convaincre que ce n'est point une illusion. Combien vos expressions, vos procédés sont aimables ! Combien j'en suis touchée ! Comment vous peindre ma gratitude ? Ah ! quand l'intérêt de la chose publique vous inspire autant de bienveillance pour des frères, qu'il est beau de se trouver républicaine et d'avoir en ses ministres de véritables pères ! Vous m'invitez d'aller causer avec vous de mes intérêts ? Quel contraste avec tout ce que j'ai vu ! J'irai donc, mais quand ? Ce soir je pourrais vous contrarier : demain c'est vendredi et, toute ma vie, j'ai conservé la faiblesse de n'oser faire un pas ce jour-là

pour ce qui m'intéresse. Je vaincrai cette peti-
tesse : sous votre égide je ne dois éprouver que
de la confiance, qu'envisager la plus flatteuse
perspective. Daignez me dire votre heure et recevoir d'avance l'hômage (*sic*) bien affectueux de
ma reconnaissance et de mon respect fraternel.

« DE MONTANSIER. »

De l'entrevue ministérielle Mlle Montansier
sortit plus satisfaite encore. Elle y avait acquis
la certitude que ses frais seraient largement couverts par une subvention gouvernementale.
Quand elle quitta Paris, effectivement, elle avait
en poche 25,000 bonnes livres versées par Lebrun
à la citoyenne « qui n'avait cessé de contribuer
aux progrès de l'esprit public par le soin pris de
faire représenter sur son théâtre un grand nombre
de pièces, soit anciennes, soit nouvelles, propres
à entretenir le patriotisme et l'amour de la
Liberté ».

Elle emportait, en outre, comme recommandation auprès des autorités françaises, un écrit
la posant en missionnaire zélée de la République
une et indivisible.

Dès son arrivée à Bruxelles, Mlle Montansier
s'aboucha avec Moreton, à qui l'adressait particulièrement le ministre des Affaires étrangères;

le bon vouloir du général ne pouvait, par malheur, triompher des obstacles que les entrepreneurs du théâtre belge voulurent mettre aux travaux de leur concurrente.

Deux lettres, inédites comme les précédentes et gardées avec elles aux Archives Nationales, diront les conditions fâcheuses que, par nécessité, dut subir de ces gens notre compatriote.

« Bruxelles, ce 4 janvier 1793.

« Citoyen ministre,

« Je suis arrivée, ainsi que ma troupe, avant-hier mercredi, 2 janvier, à neuf heures du matin. Je me suis aussitôt rendue chez le général Moreton, à qui j'ai remis votre lettre et qui m'a fait l'accueil le plus flatteur. Il n'a pu me dissimuler qu'avec tout le désir qu'il avait d'être agréable au Conseil Exécutif, il se trouvait fort embarrassé relativement aux directeurs de Bruxelles qui, prévenus de notre arrivée, avaient témoigné ne pas vouloir céder leur salle à quelque prix que ce soit; il m'a cependant donné lieu d'espérer que cela pourrait s'arranger et qu'il emploierait toute l'autorité qui lui était confiée, en observant toutefois le respect dû aux propriétés. Il me dit de me rendre chez lui, hier jeudi, à onze heures du matin, et qu'il ferait prévenir les directeurs de Bruxelles de s'y trouver.

« Nous nous y sommes rendus tous à l'heure indiquée. Les directeurs m'ont fait des propositions exorbitantes. Le général Moreton a fait tout ce qu'il a pu pour les déterminer à faire un arrangement convenable. Enfin, ils ont fini par proposer que je me chargerais de tous les appointements des employés quelconques du théâtre de Bruxelles d'ici à Pâques, qu'en outre je leur donnerais 15,000 livres de dédommagement et que je serais chargée de tous les autres frais que nécessite le spectacle. Je leur ai demandé de me procurer l'état de toutes leurs prétentions; il doit m'être remis demain; mais, je vous l'avoue, je ne vois d'autres moyens de remplir les vœux du Conseil Exécutif que de m'arranger avec les directeurs, étant persuadée que si les recettes ne remplissent pas la totalité des dépenses et qu'il y ait du déficit, il viendrait à mon secours.

« Je vous assure, ministre citoyen, que jamais dépense n'aura été plus fructueuse. D'après le peu de temps que je suis ici et tout ce que j'entends, je crois pouvoir vous dire que ce pays est loin de l'esprit public qui devrait l'animer. L'aristocratie y règne; les nobles y ont encore du crédit; les prêtres y ont beaucoup d'influence; les préjugés y règnent dans toute leur force. Les habitants s'observent beaucoup; il est difficile de les pénétrer, et je crois qu'il est nécessaire d'employer tous les moyens que la politique d'un peuple libre peut autoriser pour arracher le bandeau qui couvre les yeux des habitants de ce pays... »

« Bruxelles, ce mardi 8 janvier 1793.

« Citoyen ministre,

« Dans la lettre que j'ai eu l'honneur de vous écrire vendredi 4 courant, je vous ai rendu compte de mes premières démarches. J'avais demandé deux jours au général Moreton pour faire une réponse décisive aux directeurs sur les propositions qu'ils m'avaient faites; mais, le croiriez-vous? dans cet intervalle on a joué *Pierre le Cruel*, tragédie antirévolutionnaire de Dubelloy. Dans la foule de vers aristocratiques dont fourmille l'ouvrage, je ne vous en citerai que quelques-uns :

Fils de roi, dès l'enfance on dut vous enseigner
Quel sceau Dieu même imprime à ceux qu'il fait régner,

Son être, sur la terre, en eux seuls se retrace,
Ils ont le droit du Dieu dont ils tiennent la place.
. . . .
Mon peuple est-il mon juge? Amour, rigueur, ven-
[geance,
Oubli de mes devoirs, abus de ma puissance,
J'en dois compte à moi seul; vous, nés pour obéir,
Au lieu de me combattre il fallait me fléchir.
. . . .
Dans les champs de l'honneur je m'arme contre un roi,
Dans les fers, dans ma cour, il est un dieu pour moi.
. . . .
Un roi, même coupable, est un objet sacré.

« Le général Moreton, indigné qu'on se soit
permis de donner une semblable pièce, n'a pu
dissimuler aux directeurs, lorsqu'ils se sont trou-
vés chez lui avec moi, son mécontentement et,
comme ils se proposaient de faire représenter
Gaston et Bayard, il leur a défendu expressé-
ment, en leur disant que s'ils se permettaient jamais de faire jouer cette pièce ou telle autre semblable, il se servirait de tout son pouvoir pour
les punir sévèrement, et que, d'ailleurs, le plus
sûr pour leur en ôter le moyen était de faire
avec moi un arrangement convenable, puisque le
Conseil Exécutif de France avait cru, dans sa sagesse, qu'il était nécessaire d'envoyer une troupe
patriote pour donner des pièces propres à éclai-

rer l'esprit public et à propager les principes de Liberté et d'Egalité.

« Cette mercuriale du général les a rendus plus disposés à entrer en accommodement, et, sans faire un détail de toutes les tracasseries que j'ai éprouvées, étant restée chez le citoyen Moreton depuis onze heures du matin jusqu'à neuf heures du soir, nous avons enfin terminé. Mais je suis forcée de vous l'avouer, ils ont plus consulté leur intérêt que leur patriotisme, car l'arrangement que j'ai fait avec eux ne peut qu'être très onéreux; cependant il fallait y souscrire ou retourner à Paris avec ma troupe sans jouer ici, et j'aurais cru alors m'éloigner de l'objet de la mission dont j'étais chargée et ne pas remplir les vues du Conseil Exécutif. Voici les conditions auxquelles j'ai souscrite *(sic)* : je me suis chargée de payer tous les appointements des employés quelconques du spectacle de Bruxelles d'ici à Pâques, suivant l'état qui m'en a été fourni par les directeurs et qui est certifié par eux, plus de leur donner en dédommagement 15,000 livres. Il y a, en outre, quelques représentations à donner pour les bénéfices des acteurs de leur troupe et dont je reste chargée, ainsi que du luminaire et généralement de tous les frais que nécessite le spectacle.

« Dans l'accord que j'ai fait avec les directeurs, je l'ai prolongé jusques et y compris le jour de Pâques, regardant comme très important de jouer la semaine sainte et de porter le premier coup aux abus religieux dont ce pays est infecté. Mon projet est aussi de donner des représentations *gratis* pour la classe du peuple qui ne peut se procurer l'amusement du spectacle (et il est important d'éclairer cette classe!); vous présumez bien que je choisirai les pièces les plus propres à atteindre ce but.

« Je ne doute pas, d'après mes bonnes et utiles intentions, que le pouvoir exécutif viendrait à mon secours dans le cas où les recettes ne pourraient suffire aux dépenses. Croyez, d'ailleurs, que je ferai tout ce qui dépendra de moi pour que l'entreprise soit la moins onéreuse possible au gouvernement. Je ne puis que vous répéter, citoyen ministre, ce que je vous ai déjà dit : je suis éloignée de songer à nulle espèce de bénéfice, le bonheur d'être utile à mon pays sera ma plus douce récompense; mais en même temps je ne puis vous dissimuler que je serais hors d'état de pouvoir supporter un déficit, s'il y en avait. Je crois d'ailleurs que les représentants provisoires du peuple belge pourraient subvenir aux pertes que je pourrais faire, si le Conseil Exé-

cutif de France jugeait à propos de lui en faire
l'invitation, mais, dans tous les cas, je souhaite-
rais que vous nommiez ici quelques personnes
chargées de vérifier les recettes et les dépenses
que je pourrais faire.

« Je suis très fraternellement, citoyen ministre,
votre concitoyenne.

« DE MONTANSIER. »

Le traité signé, Mlle Montansier s'empara des
rênes de la direction bruxelloise et fit afficher,
pour le 10 janvier, le premier spectacle donné
par *les Comédiens de la République française
réunis aux comédiens de la République belgique*, spectacle, bien entendu, des plus démo-
cratiques.

Un acteur parisien, La Cave, avait l'avant-
veille, au cours d'une séance de la *Société des
amis de la liberté et de l'égalité*, formulé ce programme à l'adresse des frères brabançons :

« Envoyés par le Conseil Exécutif de la République française pour jouer la comédie dans
la Belgique, et pour y propager, par des pièces
patriotiques, les principes de liberté et d'égalité,
nous seconderons vos efforts autant qu'il sera
en nous. Nous prenons l'engagement de jouer
toutes les pièces les plus propres à éclairer l'es-

prit public; et, dans les pièces que nous serons obligés de jouer pour remplir notre répertoire, nous choisirons celles qui, par leurs principes, peuvent prouver au peuple que c'est parmi lui que s'est toujours trouvé l'exemple des vertus publiques et particulières, que les grands sont des oppresseurs, les riches des égoïstes, les mauvais prêtres le fléau de l'humanité, comme les bons peuvent en être l'espoir et la consolation. »

Sur quoi l'assemblée, convaincue du civisme de Mlle Montansier, avait chaudement applaudi, puis voté la résolution de n'aller au théâtre que lorsqu'on y jouerait des pièces patriotiques.

De fait le répertoire approuvé par Lebrun défila tout entier devant le public belge. Il s'y ajouta même des ouvrages comme *les Rigueurs du cloître*, drame, et *Panurge dans l'île des lanternes*, opéra auquel avait collaboré le comte de Provence et que, par une coïncidence plutôt triste, on donna le 21 janvier, jour de l'exécution de Louis XVI, son malheureux frère.

Le 24 février, les Français célébrèrent bruyamment la réouverture de l'Escaut; il y eut défilé des clubistes du pays, on fit au peuple des distributions de pain blanc et de saucisson, et on l'admit, le soir, à une représentation spéciale de *la Liberté conquise*.

Le 26 du même mois, nouvelle fête motivée par la réunion de toute la Belgique, et dont parle ainsi un journal bruxellois, le *Courrier de l'Egalité* :

« L'arbre de la liberté a été planté; la plus touchante fraternité a régné parmi les citoyens. Ils formaient un nombreux cortège, qui s'est porté à l'hôtel où logent les commissaires. Une distribution de pain, de viande et de boisson a été faite au peuple au bruit d'une brillante musique. La citoyenne Montansier, directrice du spectacle, a saisi cette occasion pour donner une représentation gratis. Le civisme de cette bonne patriote a été récompensé par le plaisir qu'a fait la pièce, souvent interrompue par les cris de : Vive la nation! Vive la réunion! Les armes de l'archiduchesse, qui étaient encore dans la salle, ont été abattues et remplacées par le bonnet rouge, épouvantail de l'aristocratie... »

En dépit de nombreux efforts, les cervelles brabançonnes, empâtées comme les avait dites Mlle Montansier, s'ouvraient peu aux idées révolutionnaires; on s'en occupait à Paris et, rendant peut-être la directrice responsable de cet échec, ses ennemis ne désarmaient pas et lui prêtaient parfois des torts imaginaires.

C'est ainsi que, le 12 mars 1793, Duhem déclara à la Convention avoir reçu la veille un paquet contenant une médaille d'argent à l'effigie du dernier roi avec cet exergue : *Louis XVI martyrisé le 21 janvier*, et qu'accompagnait la note suivante : « La Montansier, payée par la France à Bruxelles, y a apporté de ces médailles, et la jeune Crumpipen, maîtresse de Dumouriez, en a distribué partout. » — « Sans doute, ajouta le membre du Comité de sûreté générale, les aristocrates, en m'envoyant cette médaille, s'imaginaient qu'elle donnerait lieu à une grande dénonciation de ma part contre Dumouriez : ils se sont trompés. J'ai pris des renseignements sur la conduite de la Montansier; elle est à Bruxelles, où Lacroix m'a assuré qu'elle avait rendu de grands services à la liberté en donnant gratis, pour l'instruction du peuple, des pièces très révolutionnaires. Ses acteurs ont converti plus d'aristocrates que les aristocrates ne pervertiront de patriotes. En conséquence, je crois que tout le monde sera convaincu que cette petite espièglerie vient des aristocrates... »

Favorable autant que Duhem à Mlle Montansier, le ministre Lebrun s'émut à la réception d'une lettre dépeignant avec franchise l'état fâcheux de ses affaires. Les recettes étaient nulles, bien que les commissaires conventionnels Lacroix, Danton, Merlin et Gossuin ne dédaignassent pas de recruter pour elle : — « Ils peuvent, disait la directrice, attester de quelle utilité a été ma troupe. Il était nécessaire qu'elle vînt, non seulement pour les habitants, mais pour les militaires. Il en passe une très grande quantité, ils viennent au spectacle; les pièces patriotes les électrisent; aussi j'ai soin d'en faire jouer tous les jours. Après la comédie ils montent sur le théâtre, dansent *la Carmagnole* et chantent la chanson marseillaise. » — Mais, tandis qu'elle sert de son mieux la cause républicaine, l'ennemi a repris l'offensive; les Autrichiens, qui ont battu les nôtres à Nerwinden, arrivent à marches forcées sur Bruxelles, et la directrice s'inquiète avec raison pour les siens, pour elle-même : — « Nous courons de grands risques, nous qui sommes des apôtres, et, dans le cas où nous serions obligés de fuir, comment faire? nous n'avons pas le sol. »

L'envoi de 8,000 livres répondit à ces plaintes; la somme arriva juste pour permettre à la troupe Montansier de quitter avec Dumouriez, le 23 mars 1793, Bruxelles que les Autrichiens réoccupèrent le lendemain.

Voici, dressé par Mlle Montansier, le bilan de l'expédition théâtrale dont, bien entendu, le ministre Lebrun supporta toutes les conséquences pécuniaires :

« Frais de voyage et de re-
présentations .... 20,246 l. 10 s. » d.
« Dépenses en numéraire
15,537 liv. 2 s. 3 d., qui ont
coûté en assignats.............. 31,074 l. 4 s. 6
« Aux entrepreneurs du
spectacle de Bruxelles qui ont
reçu déjà 5,639 l. 2 s. 3 d. en
numéraire, payé en assignats 2,000   »   »
____
53,320 l. 14 s. 6 d.
« La citoyenne Montansier
a reçu en assignats.............. 33,000   »   »
____
« Elle réclame donc......... 20,320 l. 14 s. 6 d.

« Elle a été forcée d'abandonner à Bruxelles dix malles pleines d'habits; néanmoins elle ne demande point de gratifications pour elle-même, mais le Conseil, en accordant quelque indemnité aux artistes qui compose *(sic)* sa troupe, rendrait justice à leur zèle et à leur patriotisme. »

53,320 livres ! Pour le résultat obtenu, la dé-pense apparaît un peu forte.

XIII

Plus de vendredi saint. — Trois généraux. — On épure le Palais-Royal. — Un grand projet. — Spectacles de par et pour le peuple. — Le *Théâtre-National*. — Son prospectus. — Le monument. — Début médiocre. — Répertoire complet du Théâtre-National. — Une salle très bonne pour l'Opéra. — Robespierre et ses acolytes. — Mlle Montansier suspecte. — Elle est arrêtée. — Ce que devint son grand théâtre.

Quand la troupe parisienne quitta Bruxelles, il s'en fallait de huit jours que son traité allant à Pâques fût expiré. Mlle Montansier n'avait donc pu, comme elle le désirait, s'attaquer aux abus religieux, en tenant son théâtre ouvert pendant la semaine sainte. Elle s'en dédommagea dans la capitale; le vendredi même, tandis que tous les spectacles de Paris faisaient relâche, elle donna *la Gageure du pèlerin* et *le Sourd*. Cette indépendance d'idées n'était point nouvelle chez la directrice; le 12 juin 1791 déjà, elle avait voulu rompre avec la coutume en jouant le jour de la Pentecôte, mais le maire Bailly avait ordonné d'arracher ses affiches. Beaucoup plus avancés, les municipaux de 1793 ne gênèrent en rien une irrespectueuse fantaisie dont elle tira sans doute maigre profit.

Mlle Montansier n'avait point, en Belgique, laissé que des bagages; trois de ses pensionnaires l'avaient abandonnée pour suivre définitivement la carrière des armes; c'étaient Grammont et Dufraisse, acteurs tragiques, Robert, chef de ballet. Tous trois devaient atteindre de hauts grades, mais avec un sort différent.

Grammont, adjudant à l'armée de La Rochelle, adjudant général ensuite de l'armée révolutionnaire, fut, en cette dernière qualité, chargé de commander l'escorte menant à l'échafaud la malheureuse reine de France. Exagérant le zèle, il crut devoir caracoler autour de la charrette en criant à diverses reprises : « Là voilà, l'infâme Antoinette, elle est f..., mes amis! » — Or, par un singulier retour des choses, il fut, dix mois plus tard, impliqué dans un complot royaliste et, condamné, subit la guillotine avec son fils, coquet lieutenant de dix-huit ans.

Dufraisse, lui, avait eu jadis du succès, auprès des citoyennes actives, en manœuvrant à
leur gré la petite guillotine en argent qu'il portait comme breloque. Devenu général de brigade,
il fut, après Grammont, mis en accusation, mais
il sortit indemne des poursuites et mourut glo-
rieusement au passage du Rhin par l'armée de
Sambre-et-Meuse.

Pour Robert, général de brigade comme Dufraisse, il perdit un membre à Austerlitz et
acheva ses jours à Metz, sa ville natale.

La troupe du théâtre Montansier était assez
nombreuse pour parer à ces défections; elle avait
même suffi, pendant la campagne belge, aux né-
cessités grandes du répertoire; seulement ce répertoire s'était, comme la directrice, démocratisé.
On flattait là, comme partout, les vainqueurs du
jour en mettant leurs discours en dialogues, voire
en couplets. Mais, à la date même du retour de
Mlle Montansier, une mesure administrative com-
battit fâcheusement l'influence des ouvrages dits
patriotiques : prise d'un tardif scrupule, la Commune de Paris expulsa du Palais-Royal, devenu
Palais-Egalité, les filles qui l'encombraient et qui
— *la Ribaude* nous l'a dit — peuplaient quotidiennement la salle et le foyer du théâtre Montansier. Le déficit qu'on constata fut, pour la di-

rectrice, une raison de poursuivre avec activité un projet qui la hantait depuis longtemps.

Bien qu'on l'eût agrandie, la salle du Palais-Royal demeurait trop restreinte pour la tragédie même; elle ne pouvait, par suite, répondre à l'ambitieux désir qu'avait Mlle Montansier d'offrir aux Parisiens des spectacles corsés de pompeuses mises en scène. Cette impossibilité constatée dès la rentrée pascale de 1791, elle s'était mise en quête d'un terrain favorable à l'édification de spacieux bâtiments; l'ayant trouvé rue de Richelieu, elle l'avait acquis, moyennant 460,400 livres, de M. Collin, administrateur de la Caisse d'Escompte. Le demi-million avait été fourni par des commanditaires, car, fidèle à ses principes, Mlle Montansier tablait, pour sa grande entreprise, sur la fortune d'autrui. Les plans étaient dressés par l'architecte Louis quand, vexés du déclin de leur petite salle, Mlle Montansier et Neuville convinrent d'ordonner les travaux du nouvel édifice. Ils furent menés assez vivement pour qu'on pût fixer au 10 août 1793 l'ouverture du théâtre qui portait tout naturellement le nom de *National*.

C'est du moins la date que donnait Mlle Montansier, dans une lettre écrite au Comité de Salut public pour réserver ses droits à l'indemnité promise par la Convention aux théâtres qui, d'août à septembre, joueraient gratis, une fois par semaine, des tragédies républicaines, et que nous transcrivons sur l'autographe :

« Paris, ce 3 août,
l'an second de la République française.

« Citoyens,

« Instruite par les papiers publics que les directeurs de spectacles devaient vous faire parvenir le répertoire des ouvrages qu'ils se proposent de donner pendant le séjour de nos frères des départements à Paris, je m'empresse à vous faire passer celui de mes spectacles, l'un situé au Palais de l'Egalité, l'autre rue de Richelieu dont l'ouverture va se faire à l'occasion du 10 août.

« Salut et fraternité,

« MONTANSIER. »

Suit une liste qui n'est qu'une abréviation de celle soumise l'année d'avant au ministre Lebrun, mais à laquelle s'ajoutent : *Régulus*, de Dorat, *la Constitution à Constantinople*, *la Journée de Marathon* et l'*Hymne à la Liberté*.

Ce n'est pas le 10, mais le 15 août 1793, qu'on inaugura le Théâtre-National par les pièces suivantes :

La Baguette magique, prologue en 1 acte, par Bertin d'Antilly;

La Constitution à Constantinople, pièce patriotique en 1 acte, mêlée de chants et de danses, par Lavallée;

Adèle et Paulin, comédie en 3 actes, en vers, par Delrieu.

Toute personne, à l'entrée, se voyait offrir le programme donnant le prix des places, variant de 30 sous à 6 livres, et un prospectus rédigé par Neuville en ces termes :

« Les progrès et l'amour raisonné de l'art de la scène, cet aimable délassement de tous les âges, ont inspiré à la citoyenne *Montansier* et au citoyen *Neuville* le désir d'élever un monument digne de la majesté du Peuple Français et dont la pompe fût calculée sur le respect que l'on doit avoir pour les plaisirs d'une grande nation.

« Destiné à représenter tous les genres de spectacles au public, il était important de faire faire à l'illusion un pas de plus. Les entrepreneurs ont senti que, pour accroître les jouissances des spectacles et doubler la vérité de la Représentation Théâtrale, il fallait qu'il existât une ligne de démarcation bien sentie entre les spectateurs et l'action représentée; et que s'il est nécessaire, pour l'enchantement du Public, que tous ses sens soient en entier sur le Théâtre, il faut que l'Acteur, pour ainsi dire, soit seul avec le Personnage qu'il joue. Cette considération, importante au progrès comme à la magie de l'art, a fait taire toute spéculation mercantile, et, pour la première fois, un Théâtre s'est élevé sans être gêné par des loges d'avant-scène.

« Nulle idée de rivalité n'a souillé l'esprit d'une entreprise aussi vaste. Son ensemble et ses détails ont besoin également de faveur; les Entrepreneurs, ainsi que leurs camarades de tous les genres de talents, s'y présentent avec autant de défiance de leurs propres forces que d'empressement de plaire à leurs concitoyens, et se mettent, avec une modeste confiance, sous la sauvegarde de l'indulgence nationale.

« Peut-être le génie, toujours incalculable dans ses productions comme dans ses effets, trouvant un cadre de plus, assez vaste pour y déployer ses conceptions, daignera-t-il quelquefois briller sur cette scène nouvelle; au moins peut-on concevoir l'espérance que la liberté des Théâtres, laissant le choix aux Artistes célèbres, celui-ci ne leur paraîtra pas au-dessous de l'éclat dont ils ont besoin.

« La Tragédie, la grande Comédie, l'Opéra, la Danse et la grande Pantomime, ce genre superbe, oublié depuis le fameux *Servandoni*, tels sont les spectacles que tour à tour l'on présentera au Public dans cette salle, qui a été construite sur les plans et sous la conduite du citoyen *Louis*, déjà connu par les grands monuments qu'il a élevés dans la République. »

L'architecte d'abord eut un succès très grand et des plus mérités. Le plan du monument, élevé sur partie de l'emplacement de l'ancien hôtel Louvois, était un parallélogramme d'environ trente toises de long sur vingt de large. Quatre voies l'entouraient. La principale façade était sur la rue Richelieu ou de la Loi; les parties latérales, sur les rues Louvois et X..., présentaient un rez-de-chaussée ayant un entresol surmonté de deux étages troués chacun de dix-huit croisées; ces parties donnaient jour à des appartements, et entrée à des locaux destinés au commerce.

Le péristyle spacieux, percé de treize arcades, était extérieurement décoré de festons suspendus

entre les consoles soutenant un balcon; il offrait
une entrée d'autant plus commode qu'elle était
de plain-pied avec le trottoir. On le fermait de
grilles, qui toutes pouvaient s'ouvrir pour l'entrée
ou la sortie des spectateurs. Il était chauffé par
trois poêles et terminé, à droite et à gauche, par
deux grands escaliers au pied d'un corridor. Ces
corridors communiquaient avec deux autres escaliers plus petits, qui desservaient aussi les portes
des rues latérales.

Au premier étage se trouvaient les entrées des
corridors conduisant au parterre, à l'orchestre et
aux loges grillées ou baignoires. Sur le même pa-
lier on entrait, du côté de la rue Richelieu, dans
un foyer décoré de colonnes, de glaces et de pan-
neaux ornés d'arabesques en relief. Ce foyer, qui
pouvait en certaines occasions ne former qu'une
pièce, était cependant divisé en trois parties, donnant toutes sur le grand balcon de la principale
façade du bâtiment. Le second corridor répon-
dait aux ouvertures des premières loges; il avait,
du côté de la rue, des croisées percées, à balcons,
donnant sur le foyer; les extrémités de ces deux
corridors ouvraient sur le théâtre. Dans le troisième corridor étaient les entrées des secondes
loges; le quatrième conduisait au troisième rang
de loges et communiquait, sur la rue, avec un

logement assez vaste pour servir à des assemblées.

La disposition de la salle n'était pas moins
heureuse que ses dégagements. Dix colonnes can-
nelées, d'ordre corinthien, surmontées d'un riche
entablement, composaient son architecture principale. Ces colonnes soutenaient quatre grands
arcs doubleaux, qui portaient une corniche servant d'appui à une coupole d'environ cinquante-
quatre pieds de diamètre. Les loges, séparées
seulement par les quatre colonnes placées au
fond de la salle, n'étaient divisées qu'à hauteur
d'appui. Au niveau des loges, les cannelures des
colonnes étaient ouvertes et formaient ainsi, à
chaque étage, quatre loges grillées. La frise faisant le devant du cinquième rang de spectateurs,
était ornée de festons de fleurs. Les ouvertures
des arcs doubleaux, au-dessus de l'entablement,
laissaient voir des parties de plafond divisées et
soutenues par des lunettes décorées d'ornements.
Par une géniale combinaison, la coupole était
éclairée d'une manière vive et mystérieuse, partie
par des nuages chargés de lumières dissimulées
aux spectateurs, partie par un lustre d'un artistique dessin.

Quant à la scène, ses proportions étaient
énormes : soixante-quinze pieds de profondeur

sur une largeur égale, hauteur cent pieds. Les décorations montaient des dessous, toutes chargées de lumières, et les frises, formant des arcs, assortissaient les plafonds, les ciels ou les arbres aux coulisses qui n'étaient pas d'une hauteur proportionnée à celle de l'avant-scène. Sur la salle, enfin, étaient deux planchers; le premier, entourant la coupole, recevait les ouvertures des ventilateurs pratiqués derrière les arcs doubleaux; le second portait l'atelier des peintres de décorations.

Au total, aidé par des peintres et des sculpteurs adroits, l'architecte Louis avait fait du Théâtre-National une chose élégante, spacieuse, commode pour tous.

Mais si le monument, justement apprécié, conquit, le premier soir, des suffrages unanimes, il n'en fut pas de même des pièces trouvées faibles, indignes du beau cadre qu'on leur avait donné. Seule l'œuvre politique échappa aux sifflets, encore le dut-elle à une mise en scène émouvante.

Son sujet était l'acceptation, par les Français résidant à Constantinople, de la Constitution républicaine. Un cortège terminait cette cérémonie. Attelé de huit chevaux superbes, un char de triomphe sur lequel étaient placées les tables de la nouvelle Loi s'avançait sur la scène. Des cavaliers en uniforme étaient en tête, des fantassins suivaient, puis des groupes nombreux de vieillards, de mères, d'artisans, d'enfants, de vierges vêtues de robes blanches. Tout cela se mêlait, sans pourtant se confondre, dans les mouvements réglés avec la plus grande précision. On applaudit fort ce tableau, mais la presse, après le public, conseilla à la directrice de bannir désormais les ouvrages vulgaires, les acteurs médiocres qui eussent déshonoré un temple estimé trois millions.

Mlle Montansier était trop intelligente pour fermer l'oreille à l'avis et ne pas mettre ses soins à constituer, en même temps qu'un bon répertoire, une troupe que l'on pût comparer à celles des meilleures scènes. Elle engagea divers artistes, en tête desquels Molé et Mlle Devienne, de la Comédie-Française, et joua successivement des ouvrages anciens ou nouveaux dont voici la liste, pour la première fois dressée :

16 août, *Nanine*, comédie en 3 actes, en vers, par Voltaire (du Théâtre-Français);

20 août, *le Maître généreux*, opéra en 4 actes, par Dubuisson, musique de Paisiello (du théâtre Montansier);

21 août, *Brutus*, tragédie en 5 actes, par Voltaire (du Théâtre-Français);

21 août, *les Folies amoureuses*, comédie en 3 actes, en vers, par Regnard (du Théâtre-Français);

24 août, *l'Obstacle imprévu*, comédie en 5 actes, par Destouches (du Théâtre-Français);

25 août, *Tartuffe*, comédie en 5 actes, en vers, par Molière (du Théâtre-Français);

26 août, LA JOURNÉE DE MARATHON, *ou le Triomphe de la Liberté*, pièce historique en 4 actes, avec des intermèdes et des chœurs, par Guéroult, musique de Kreutzer;

28 août, *la Mort de César*, tragédie en 5 actes, par Voltaire (du Théâtre-Français);

28 août, *le Médecin malgré lui*, comédie en 3 actes, par Molière (du Théâtre-Français).

Disons, comme parenthèse, que pour avoir joué en août « de par et pour le peuple » *Brutus*, *la Journée de Marathon* et *la Mort de César*, le Théâtre-National reçut de la Convention 16,000 livres d'indemnité, tandis que la salle Montansier, qui avait donné dans les mêmes conditions *Brutus*, *la Mort de César*, *le Départ des Volontaires et Sævola*, se voyait allouer 9,000 livres.

29 août, *les Epoux mécontents*, opéra en 4 actes, par Dubuisson, musique de Storace (du théâtre Montansier);

29 août, LA FÊTE CIVIQUE, divertissement en 1 acte, par Gallet;

3 septembre, *la Bonne Mère*, comédie en 1 acte, par Florian (de la Comédie-Italienne);

4 septembre, *la Servante maîtresse*, opéra-comique en 2 actes, par Baurans, musique de Pergolèse (de la Comédie-Italienne);

5 septembre, *les Amants anglais*, drame en 3 actes, en vers, par Aude (du théâtre Montansier);

7 septembre, *la Femme jalouse*, comédie en 5 actes, en vers, par Desforges (de la Comédie-Italienne);

7 septembre, *le Départ des Volontaires*, comédie patriotique en 1 acte, par Lavallée (du théâtre Montansier);

10 septembre, JEAN-JACQUES ROUSSEAU AU PARACLET, comédie en 3 actes, par Aude;

10 septembre, *le Mariage clandestin*, opéra-comique en 1 acte, par X..., musique de Devienne (du théâtre Montansier);

16 septembre, *l'Avocat Patelin*, comédie en 3 actes, par Brueys (du Théâtre-Français);

25 septembre, *Hélène et Francisque*, opéra en

3 actes, par Dubuisson, musique de Sarti (du théâtre Montansier);

30 septembre, *Pourceaugnac*, opéra bouffon en 3 actes, par Molière, musique de Mengozzi (du théâtre Montansier);

1er octobre, *le Codicille*, comédie en 1 acte, mêlée de chant, par Cuvelier, musique de Othon Van der Broeck (du théâtre Montansier);

5 octobre, SÉLIKO, *ou les Nègres*, opéra en 3 actes, par Saint-Just, musique de Mengozzi;

9 octobre, *la Mère confidente*, comédie en 1 acte, par Marivaux (de la Comédie-Italienne);

15 octobre, LES MONTAGNARDS, comédie en 3 actes, par la citoyenne Monnet;

17 octobre, *l'Amant jaloux*, opéra-comique en 3 actes, par d'Hèle, remis en musique par Mengozzi;

28 octobre, LA FEMME QUI SAIT SE TAIRE, opéra en 1 acte, par Lavallée, musique de Foignet;

30 octobre, LES DEUX SOPHIE, drame en 5 actes, par Aude;

30 octobre, LA PREMIÈRE RÉQUISITION, pièce patriotique en 1 acte, par Landon;

10 novembre, *les Fausses Infidélités*, comédie en 1 acte, en vers, par Barthe (du Théâtre-Français);

13 novembre, *Lucinde et Raymond*, opéra en 3 actes, par Dubuisson, musique de Tarchi (du théâtre Montansier).

Dans cette nomenclature assez longue les pièces nouvelles, dont nous avons souligné les titres, ne tiennent que peu de place. C'est que plus que jamais les entrepreneurs de spectacles étaient contraints à la prudence. Pour avoir donné *Paméla*, comédie taxée d'incivisme, les acteurs du théâtre de la Nation s'étaient vu conduire aux Madelonnettes, avec ces paroles effrayantes : « La tête de la Comédie-Française sera guillotinée et le reste déporté ! » Mlle Montansier, dont l'aristocratique passé n'était pas oublié et à qui l'échafaud avait pris des amants comme Danton, l'abbé Bouyon, des amis comme les Girondins, manœuvrait de son mieux pour éviter l'arrestation que suivait d'ordinaire le dernier supplice. Rien dans son existence ni dans le choix des œuvres représentées par elle ne pouvait motiver la plus légère poursuite; elle n'en était pas moins, cependant, vouée aux pires aventures.

Le succès obtenu par la salle qu'elle avait fait construire fut, contre toute prévision, la raison de sa perte. Dès le premier soir, en effet, des juges compétents avaient déclaré que l'Académie

de Musique, exilée au boulevard Saint-Martin
serait, dans l'immeuble de la rue Richelieu, à sa
place véritable. Ce fut malheureusement l'avis de
ce pâle Robespierre qui ne dédaignait pas d'achever dans les coulisses du premier théâtre lyrique
les journées que marquaient tant de crimes. En
ce temps de terreur, chose désirée était, pour les
puissants, chose prise. Hébert et Chaumette, ordinaires limiers de *l'Incorruptible*, se chargèrent,
sur un mot, d'accomplir le désir de leur maître,
exacerbé par une minutieuse visite. Le 23 brumaire an II (13 novembre 1793), Chaumette, procureur syndic de la Commune de Paris, faisait à
la tribune de cette assemblée la déclaration suivante :

« Je dénonce la citoyenne Montansier comme
ayant fait bâtir la salle de spectacle rue de la
Loi, pour mettre le feu à la Bibliothèque Nationale; l'argent de l'Angleterre a beaucoup contribué à la construction de cet édifice, et la ci-devant reine a fourni 50,000 écus. Je demande donc
que ce spectacle soit fermé, à cause du danger
qui pourrait en résulter si le feu y prenait. »

Sur quoi Hébert, dévoué complice, ajouta :

« Je dénonce personnellement la demoiselle
Montansier; j'ai des renseignements contre elle.

Et il m'a été offert une loge à son nouveau théâtre pour m'engager à me taire. Je requiers que la Montansier soit mise en état d'arrestation, comme suspecte. »

Quarante-huit heures plus tard, Mlle Montansier fut arrêtée et conduite à la prison de la Petite-Force, où Neuville devait bientôt la rejoindre.

Les directeurs absents, que devint le théâtre?

Le 17 novembre il était enjoint aux artistes de clore la salle; on leur permit pourtant, sur demande, de se former en société et de jouer, quelque temps encore, à leurs périls et risques. Ils donnèrent ainsi :

24 novembre, *le Dépit amoureux*, comédie en 2 actes, en vers, par Molière (du Théâtre-Français);

27 novembre, *l'Ecole des Maris*, comédie en 3 actes, en vers, par Molière (du Théâtre-Français);

27 novembre, LES PRÊTRES ET LES ROIS, pièce révolutionnaire en 3 actes, en vers, par Lombard;

7 décembre, *le Misanthrope*, comédie en 5 actes, en vers, par Molière (du Théâtre-Français), jouée par Molé pour son début;

8 décembre, *le Consentement forcé*, comédie en 1 acte, par Guyot de Merville (du Théâtre-Français);

15 décembre, *le Méchant*, comédie en 5 actes, en vers, par Gresset (du Théâtre-Français), jouée par Molé;

15 décembre, *le Babillard*, comédie en 1 acte, en vers, par de Boissy (du Théâtre-Français), jouée par Molé.

17 décembre, ESTELLE, opéra en 3 actes, par Ayot-Villebrune, musique de Persuis;

21 décembre, *le Bourru bienfaisant*, comédie en 3 actes, par Goldoni (du Théâtre-Français), jouée par Molé;

23 décembre, LA PARFAITE EGALITÉ, *ou les Tu et Toi*, comédie en 3 actes, par Dorvigny;

30 décembre, *le Tuteur*, comédie en 1 acte, par Dancourt (du Théâtre-Français);

2 janvier 1794, *l'Impatient*, comédie en 5 actes et un prologue, en vers, par de Boissy (du Théâtre-Français);

10 janvier, *le Dissipateur*, comédie en 5 actes, en vers, par Destouches (du Théâtre-Français), jouée par Molé;

10 janvier, *le Retour du mari*, comédie en 1 acte, par Ségur jeune (du Théâtre-Français);

15 janvier, *la Gageure imprévue*, comédie en 1 acte, par Sedaine (du Théâtre-Français);

16 janvier, *l'Ecole des Pères*, comédie en 5 actes, en vers, par Pieyre (du Théâtre-Français);

4 février, MANLIUS TORQUATUS, *ou la Discipline romaine*, tragédie en 3 actes, par Joseph Lavallée;

13 février, *la Coquette corrigée*, comédie en 5 actes, en vers, par de Lanoue (du Théâtre-Français), jouée par Molé;

23 février, *l'Epreuve nouvelle*, comédie en 1 acte, par Marivaux (de la Comédie-Italienne);

25 février, LA MORT DE MARAT, pièce en 3 actes, en vers, par Féru.

De ce drame où Pétion, Brissot, tous les Girondins jouaient des rôles, Charlotte Corday était absente. L'Ami du peuple, représenté par Molé, était frappé dans la coulisse et revenait sur le théâtre pour mourir dans les bras d'Emilie, *sa femme!*

1er mars, ALISBELLE, *ou les Crimes de la féodalité*, opéra en 3 actes, par Desforges, musique de Louis Jadin;

6 mars, *la Métromanie*, comédie en 5 actes, en vers, par Piron (du Théâtre-Français), jouée

par Molé et Mlle Devienne, celle-ci pour son début;

13 mars, LA JOURNÉE DE L'AMOUR, divertissement anacréontique en 1 acte, par Gallet, musique de Mengozzi;

10 avril, *le Cocher supposé*, comédie en 1 acte, par Hauteroche (du Théâtre-Français);

10 avril, WENZEL, *ou le Magistrat du peuple*, opéra en 3 actes, par Pillet, musique de Ladurner.

Les acteurs sociétaires faisaient, malgré tout, d'honorables recettes quand un arrêté du Comité de Salut public, signé Barrère, Prieur de la Marne, Carnot, et portant la date du 27 germinal an II (16 avril 1794), ordonna la translation du Théâtre-National dans la salle du faubourg Saint-Germain, et celle de l'Opéra dans la salle Richelieu. L'association des anciens pensionnaires de Mlle Montansier fut alors dissoute et ce fut avec ses débris, ralliés par Molé et Mlle Devienne, que l'ex-théâtre de la Nation fit sa réouverture sous le nom de *Théâtre de l'Egalité, section Marat* (27 juin).

Quant à l'Opéra, devenu *Théâtre des Arts*, il prit, le 7 août suivant, possession de la salle enlevée à Mlle Montansier. Par malheur ni Chaumette, ni Hébert, ni le mélomane Robespierre n'assistèrent au succès final de leur commune gredinerie : ils avaient, l'un après l'autre, péri sur l'échafaud où étaient montées, grâce à eux, tant d'innocentes victimes !...

XIV

La Petite-Force. — Pistole et Paille. — Le théâtre
Montansier change de nom. — Un titre élevé. —
Jeu de cartes républicanisé. — Mlle Montansier est
recommandée par Chaumette. — Son interrogatoire.
— Elle réclame. — Silence de Couthon. — Une
lettre cynique. — Le 9 Thermidor. — Mlle Montansier et Neuville au Collège du Plessis. — Requête
à Colombel. — Enfin libres !

Nous avons laissé Mlle Montansier sur le seuil
de la Petite-Force.

Cette prison occupait, depuis 1785, l'Hôtel de
Brienne contigu à la Grande-Force (ancien
Hôtel Saint-Paul), qui était située entre les rues
du Roi-de-Sicile, Culture, Neuve-Sainte-Cathe-
rine, Pavée-Saint-Antoine, avait son entrée principale rue du Roi-de-Sicile, et une autre en face
de la petite rue des Ballets, donnant sur la
rue Saint-Antoine. La Petite-Force avait servi

d'abord de maison d'arrêt pour les femmes de mauvaise vie, mais, dans le cours de 1792, elle avait dû recevoir le trop-plein de l'Abbaye et du Châtelet : des gens politiques, des prêtres, des soldats suisses, des voleurs même qui, la plupart, périrent dans les massacres de septembre et que remplacèrent alors des suspects. Les détenus y étaient à peu près confondus, car il n'y avait guère que deux catégories tranchées : les prisonniers pourvus d'assez de ressources pour vivre à *la pistole* et ceux que leur détresse obligeait à subir le régime de *la paille*. Ces derniers habitaient, par groupe de cinq à vingt-huit, des chambres placées sous l'invocation de tous les saints du calendrier grégorien.

Les femmes ayant, comme les hommes, faculté d'user du régime payant ou gratuit, c'est, comme bien on pense, la pistole que choisit Mlle Montansier. Quoique l'étonnant un peu, sa mésaventure ne l'abattait point; elle comptait d'ailleurs en sortir à sa gloire et à la confusion d'ennemis qu'elle sentait guidés par la jalousie et un vil intérêt.

Dès l'arrestation de leur directrice, les prudents acteurs du théâtre Montansier avaient effacé son nom et baptisé la salle *Théâtre du Péristyle du Jardin-Egalité*. Cette transformation ne leur semblant pas assez radicale, on les vit, le 26 novembre, déclarer au Conseil général de la Commune qu'ils entendaient prendre ce troisième nom : *Théâtre de la Montagne*. Sur quoi des conseillers objectèrent qu'on ne savait s'ils méritaient « un titre aussi élevé »; mais Lhuillier, procureur, plaida la cause des comédiens :

« Qui pourrait, dit-il, s'opposer à ce que des citoyens qui n'ont pas démérité de la patrie prennent le titre le plus respectable de la nomenclature républicaine? Qui, plus que les artistes, peut contribuer à la propagation de l'esprit public? Certes, le moyen le plus sûr de leur en donner la puissance, c'est sans doute de leur permettre de prendre un titre qui leur attire la confiance des patriotes. D'ailleurs, s'ils s'égaraient, la surveillance active des magistrats n'est-elle pas toujours debout pour réprimer leur audace? Je demande que les citoyens artistes soient autorisés à prendre le nom qu'ils ont adopté. »

Ainsi fut-il fait, et les comédiens enchantés offrirent comme remerciement, au Conseil, un jeu de cartes républicanisé. — « Aux rois, dit l'un d'eux, on a substitué des *sages*, aux valets des *braves*, aux dames des *vertus*... — Ceux qui tiendront ces cartes seront les *vices* », conclut le président, aux rires de l'assemblée.

Mlle Montansier prisonnière, restait à instruire contre elle et à donner couleur légale à une mesure tout arbitraire. Une note fielleuse du procureur Chaumette montra à l'Administration de police la voie qu'il fallait suivre :

« Montansier, considérée comme intrigante, dont les liaisons et les agents sont plus que suspects. » — Voici, d'ailleurs, un article la concernant : « On cherche depuis longtemps quel est le moyen qu'elle a pu employer pour bâtir un théâtre qui lui revient à plus de trois millions; cette directrice n'ayant encore payé que le douzième du prix du terrain, il n'a pu servir d'hypothèque à des financiers qui, comme on sait, n'avancent leurs fonds qu'avec la certitude de ne courir aucun risque. Ces réflexions ont fait soupçonner que la salle avait été bâtie avec des fonds appartenant à des émigrés qui les ont placés là pour en frustrer la nation, etc. »

Après la situation de quelques intrigants bailleurs de fonds, on ajoute : « Le nommé Duplessis (ci-devant Chevalier) dont le seul métier, depuis vingt ans, a été d'être escroc et le Mercure de tous les ci-devant. Cet entremetteur est l'âme damnée de la Montansier, et il se vante partout de lui avoir fait prêter à lui seul plus d'un million. Comme il a été lié, à cause de son infâme métier, avec des gens qui présentement sont émigrés, il serait possible qu'il les ait engagés à placer les débris de leur fortune chez Montansier. »

On voit que, renonçant à accuser Mlle Montansier de projets d'incendie contre la Bibliothèque Nationale, Chaumette s'en tenait, vis-à-vis d'elle, à l'imputation d'avoir accepté, provoqué pour son entreprise des concours financiers constituant un danger public. Sur ce point spécial l'accusée répondit nettement dans l'interrogatoire que lui firent subir, le 1er décembre, les administrateurs de la police, et que nous empruntons au très curieux dossier récemment publié, dans *le Monde artiste*, par M. Martial Teneo.

« Cejourd'hui, devant nous, administrateurs au département de police, est comparue une citoyenne mise en état d'arrestation en vertu d'un arrêté du Conseil général de la Commune de Paris, en date du 24e jour du 2e mois républicain.

« Enquise de ses noms, prénoms, âge, pays, profession et demeure,

« A répondu se nommer Marguerite Brunet-Montansier, âgée de 45 ans, née à Bayonne, directrice de spectacles, et demeurant à Paris, palais de l'Egalité, n° 82.

« A elle demandé depuis quand elle est à Paris?

« A répondu qu'il y a environ trente ans.

« A elle demandé, depuis ce temps, quels ont été ses moyens de subsistance?

« A répondu que ses moyens de subsistance ont été le produit des différents spectacles qu'elle a tenus jusqu'à présent.

« A elle demandé combien lui a coûté la totalité de son terrain situé enclos de l'ancien Hôtel de Louvois?

« A répondu que ledit terrain lui a coûté 460,400 livres, ainsi qu'il est constaté par le contrat qui en est passé devant Rouen et Robin, notaires à Paris, le 7 décembre 1791, et sur laquelle somme elle a payé de ses deniers celle de 55,248 livres.

« A elle demandé si elle sait à combien s'élève le prix de la totalité des bâtiments qu'elle a fait construire sur ledit terrain?

« A répondu ne pas le savoir de mémoire et que d'ailleurs tous les mémoires ne sont pas encore tous fournis ni réglés, que de plus elle se

propose de donner à cet égard tous les renseignements qui seront nécessaires lorsqu'elle les aura
acquis.

« A elle demandé si pour toutes lesdites constructions elle a fait marché avec un seul ou plusieurs entrepreneurs ?

« A répondu avoir fait marché avec le citoyen
Léonard Mouchonnet, entrepreneur de bâtiments
demeurant à Paris, lequel, par acte passé avec la
répondante en janvier 1792, s'est engagé de construire la totalité de tous lesdits bâtiments, à
condition que jusqu'à la Pentecôte 1792, époque
à laquelle il devait livrer la salle de spectacle, de
payer audit Mouchonnet la somme de 350,000 livres, et que le surplus lui serait payé à raison
de 60,000 livres par chaque année jusqu'à défini-
tion du paiement.

« A elle demandé si jusqu'à présent elle a
effectué envers le citoyen Mouchonnet les conventions souscrites ?

« A répondu oui, qu'elle les a effectuées jusqu'à présent.

« A elle demandé qui lui a procuré les fonds
nécessaires pour acquitter lesdits engagements ?

« A répondu différents particuliers à qui elle
a emprunté, savoir : 53,000 livres au profit du
citoyen François-Louis-Claude Marin, rue Saint-

Honoré; 90,000 livres à Jean-Charles Bertrand,
à Yverdun, canton de Berne, et demeurant alors
à Paris, rue des Vieux-Augustins; 200,000 livres
avec subrogation en faveur d'Antoine Lepescheux, négociant rue de l'Echiquier, à Paris;
11,000 livres à Jean Mannehou-Leudenor, rue
Saint-Joseph; 20,000 livres à Marguerite Bou-
dier, veuve Allège, rue de Grammont; 14,000 livres à Guetteau-Vellony et Victoria-Marguerite
Allègre, rue Saint-Thomas-du-Louvre. Total des
sommes empruntées et qu'elle a données audit
Mouchonnet, 447,000 livres, ainsi qu'il est constaté par les différents actes passés chez Rouen,
notaire de la répondante.

« A elle demandé quelles sont ses relations
avec le citoyen Neuville?

« A répondu que le citoyen Neuville est son
associé dans les diverses entreprises sus-énoncées
et que les actes qui les constatent sont faits soli-
dairement entre ledit citoyen Neuville et la répondante.

« A elle demandé si elle ne reste pas aussi en
commun avec le citoyen Neuville?

« A répondu oui.

« A elle demandé quelles relations elle a avec
le citoyen Verrier?

« A répondu que Verrier n'est autre chose que le domestique de Neuville.

« A elle demandé si elle connaît le nommé Languet?

« A répondu qu'elle connaît le nommé Languet pour venir quelquefois chez elle depuis environ deux ans, qu'elle sait qu'il est patriote, parce qu'elle le voit toujours avec des patriotes.

« A elle demandé si le citoyen Languet a eu quelque participation à quelques-unes de ses entreprises?

« A répondu non.

« A elle demandé si dans les divers emprunts qu'elle a faits il n'y a pas quelques bailleurs de fonds qui fussent émigrés?

« A répondu que quand on lui a prêté ils n'étaient pas émigrés, et qu'à présent elle ne pense pas qu'aucuns d'eux fussent émigrés.

« A elle demandé si elle sait actuellement où est le citoyen Lepescheux?

« A répondu qu'elle l'ignore.

« A elle demandé si elle connaît le nommé Marin, homme de lettres?

« A répondu qu'elle le connaît comme étant un de ses prêteurs.

« A elle demandé si elle connaît le nommé Duplessis, ci-devant Chevalier?

« A répondu qu'elle le connaît comme auteur.

« A elle demandé si le nommé Duplessis ne lui a pas prêté ou fait prêter différents fonds?

« A répondu non.

« A elle demandé comment se nomme son caissier?

« A répondu qu'il se nomme Cosmond, dont le frère est comédien chez la répondante.

« A elle demandé si, lorsque Dumouriez vint à Paris l'hiver dernier, il ne fut pas plusieurs fois chez la répondante?

« A répondu qu'au dernier voyage connu que Dumouriez fit à Paris, la répondante était alors à Bruxelles avec partie de sa troupe, où elle avait été envoyée par le pouvoir exécutif afin d'y propager le républicanisme, mais que l'avant-dernier voyage que Dumouriez fit à Paris, Dumouriez fut à plusieurs spectacles et Dumouriez vint une fois à celui de la répondante et ce jour-là elle donna *le Départ des Volontaires*, mais que Dumouriez ne vint jamais à son domicile et jamais elle ne fut au sien.

« A elle demandé si lorsqu'elle était à Bruxelles elle n'a pas quelquefois vu Dumouriez, et si quelquefois Dumouriez n'a pas soupé à sa table?

« A répondu qu'elle n'a pas vu Dumouriez et

que, par conséquent, elle n'a jamais mangé avec lui.

« A elle demandé si elle n'a pas eu quelques correspondances par écrit avec Dumouriez?

« A répondu que, se trouvant à Bruxelles avec sa troupe, sans argent, lorsque les commissaires du pouvoir y étaient, ainsi que les représentants du peuple nommés Gossuin, Lacroix, Merlin et Danton, la répondante écrivit à Dumouriez, lorsqu'il passa quelque temps avant de livrer la Belgique, à l'effet de se faire donner quelques secours par avance, auquel billet Dumouriez ne fit aucune réponse.

« A elle demandé si elle ne s'est pas trouvée quelquefois avec les commissaires du pouvoir exécutif ou avec les représentants du peuple qu'elle vient de désigner?

« A répondu que s'étant trouvée à plusieurs banquets patriotes qui ont eu lieu dans la Belgique, elle y a vu beaucoup de patriotes du nombre desquels étaient les citoyens Merlin et Gossuin, ainsi que le citoyen Fauchet, ci-devant secrétaire à la police, ainsi que Deffant-Desjardins.

« A elle demandé si elle a obtenu de quelque manière que ce soit les fonds dont alors elle avait besoin?

« A répondu que le pouvoir exécutif lui a envoyé 8,000 livres en assignats et que le nommé Du Sauzun lui a fait quelques légers prêts de diverse nature, dont l'état doit se trouver dans ses papiers.

« Lecture à elle faite des demandes et de ses réponses, a dit icelles contenir vérité, y a persisté et a signé : *M. Brunet-Montansier.* »

Si l'on met à part la phrase initiale dans laquelle Mlle Montansier, par une audacieuse coquetterie, se rajeunit de dix-huit ans, ses dires, très clairs, dénotent la franchise. Ses papiers d'ailleurs les devaient confirmer. On en inventoria devant elle cinq cartons sans y rien trouver d'incivique. Etait-il possible de greffer sur de vagues propos une action criminelle? La police ne le pensa pas et se contenta de maintenir sous les verrous la dame et son complice supposé. Ils pouvaient vivre, en somme, pourvu que d'eux ne vînt aucun obstacle au caprice du tyran jacobin. Mais la Montansier n'était pas de ces femmes qu'on bâillonne.

Dès les premiers jours de sa captivité, elle avait entrepris un Mémoire dans lequel les insinuations calomnieuses d'Hébert et de Chaumette étaient point par point réfutées. Ce Mémoire, aujourd'hui perdu, nous en trouvons trace dans un catalogue d'autographes publié en 1849. Mlle Montansier y exposait sa conduite politique et son administration théâtrale depuis le commencement de la Révolution. C'était, si l'on en croit le rédacteur du catalogue, « un modèle de fourberie et d'ingratitude envers d'illustres bienfaiteurs devenus malheureux ». — Il fut envoyé le 24 décembre 1793 à Couthon, que la signataire avait maintes fois reçu dans son théâtre, avec ce billet qui, plus heureux que la pièce même, a été conservé :

« *Au Président de la Convention.*

« Prison de la Petite-Force,
4 nivôse, an 2.

« Citoïen, tu es un vrai républiquin, par conséquent juste. Je suis assurée que tu aime à soutenir l'innocence. Je t'envois un exemplaire de mon Mémoire. Tu y liras la vérité, rien que la vérité. Cependant je suis en prison depuis cinq semaines... »

Ami de Robespierre, Couthon se tint coi; cela lui valut, quelques jours après, cette seconde épître :

« Ce 24 nivôse de l'an 2.

« Tes momens sont précieux, Citoïen, je n'en abuserai pas.

« Tu as reçu un exemplaire de mon Mémoire, tu as vu que j'y réponds aux calomnies suggérées au *Père Duchesne.* C'est d'après ces calomnies que j'ai été interrogé :

« 1° Sur les moïens avec lesquels j'ai fait bâtir le Spectacle de la rue de la Loi;

« 2° Sur mes prétendues liaisons avec Dumourier;

« 3° Sur mon voyage dans la Belgique.

« J'ai répondu d'avance dans mon Mémoire, et je n'ai dit que la vérité.

« La vérité que j'ai ditte est confirmée par l'examen de mes Papiers contenus dans un carton remis aux Administrateurs de la Police, lors de la levée des scellés posés à mon domicile.

« Ces Administrateurs n'y ont trouvé que des livres de compte relatifs aux Appointements des comédiens et à des frais de voyage de Bruxelles.

« Des mémoires adressés au Conseil Exécutif pour en obtenir des indemnités, à raison des pertes que ce voyage m'a fait éprouver.

« Enfin une correspondance qui, bien loin de m'accuser, atteste mon civisme.

« Cependant, sur rapport, mon affaire a été envoyée au Comité de Sûreté générale. Je m'attendais à être rendue sur-le-champ à la liberté et à une entreprise immense, à laquelle est attachée la fortune de plusieurs citoyens irréprochables.

« Mais les représentants du Peuple sont justes, et ma cause est en sûreté dans leurs mains. Je crains seulement les lenteurs et les malheurs qui peuvent en résulter pour les bailleurs de fonds, les créanciers, les fournisseurs, et pour cinq cents artistes, à la veille d'être confondus avec moi dans une ruine commune.

« Je ne te demande donc qu'un prompt examen, et tu éprouveras, j'en suis sûre, le besoin de secourir l'innocence opprimée.

« Salut et fraternité.

« MONTANSIER. »

Pas plus que la première, cette adjuration n'eut d'effet, et la captive comprit qu'elle n'avait à attendre de la grande Assemblée qu'une indifférence complète. Mais son cas n'était pas isolé, et, quatre mois après, le Comité de Salut public, accablé de réclamations par les détenus des prisons parisiennes, nomma une commission populaire chargée de recenser les gens suspects et de

faire mettre en liberté les citoyens qu'elle croirait
accusés sans justice. Cette commission, composée
de cinq membres, devait, suivant les instruc-
tions du Comité, « tenir une conduite digne du
ministère qui lui était confié, ne jamais perdre
de vue le salut de la patrie, vivre dans cet isole-
ment salutaire qui concilie aux juges le respect
et la confiance publique et qui est le garant de
leur intégrité, être inaccessible à toutes les sollicitations et fuir toute relation susceptible d'in-
fluencer leur conscience et d'affaiblir son énergie». — C'était là un très beau programme, et
l'on devine qu'à peine formé le nouveau tribunal
fut saisi d'innombrables requêtes. Mlle Montansier, la première, fit appel à sa sollicitude, non
par une simple lettre, mais par cet exposé, brutal
jusqu'au cynisme :

*Aux Citoyens composant la Commission
Populaire.*

« Je me nomme Marguerite Brunet-Montansier, âgée de cinquante et tant d'années, domi-
ciliée Maison Egalité n° 82, directrice de spectacles depuis près de trente ans.

« J'ai été arrêtée la nuit du 24 au 25 brumaire, au retour de la cérémonie faite en l'hon-

neur de l'immortel Marat, pour laquelle le rassemblement s'était fait à notre Théâtre-National rue de la Loi, et où nous avions conduit tous nos camarades-pensionnaires, au nombre de près de cinq cents qui, pour la plupart, y étaient employés, et où j'avais passé toute la journée. Ça été par un mandat d'arrêt de la Commune, sur les calomnies atroces insérées dans le n° 310 du *Père Duchesne* et dans le réquisitoire de Chaumette, tous deux reconnus pour des scélérats. J'ai été conduite d'abord à la mairie, ensuite à la Petite-Force, où je suis encore depuis plus de sept mois. J'ai été conduite chez moi, pour la levée de mes scellés, l'examen le plus scrupuleux de mes papiers y a été fait; quelques jours après j'ai été reconduite à la mairie où j'ai été interrogée, et je me suis pleinement justifiée avec les pièces à l'appui; les actes notariés y ont été portés ensuite par les notaires. Les papiers qui ont été pris chez moi sont déposés au Comité de Sûreté générale avec les interrogatoires et le rapport du Citoyen Administrateur qui me les a fait subir; j'ai répondu par mon Mémoire imprimé, ci-joint, à toutes les calomnies, à la supposition atroce que nous n'avions fait bâtir le Théâtre-National qu'avec l'intention de mettre le feu à la Bibliothèque, ce comble d'horreur est si bien reconnu, et toutes les autres doivent l'être de même, que l'Opéra va y être transféré. Toutes les calomnies que Chaumette et Hébert ont forgées contre moi sont dans le même genre, aussi atroces, aussi absurdes les unes que les autres, et je ne connais pas d'autres dénonciateurs, je ne crois pas même qu'il soit possible que j'en aie d'autres, à moins que ce ne soit quelqu'un de leurs *complices*.

« Mes relations, mes liaisons avant et depuis la Révolution ont toujours été avec des auteurs, des artistes, dont la plupart sont nos pensionnaires, et avec des fournisseurs, des actionnaires, des créanciers, le tout relativement à nos entreprises.

« Au mois de juillet 1789, je partageais si réellement les sentiments patriotiques du citoyen Neuville, que je me rendis à ma section, même pendant la nuit et à l'époque la plus instante de la Révolution, et que j'y ai attendu son retour pendant plusieurs heures pour jouir du résultat des opérations dont le comité l'avait chargé; tout le comité de 89 et tous les bons citoyens qui étaient alors à la section peuvent en rendre témoignage.

« En septembre les ci-devant gardes vinrent me demander notre salle de Versailles pour y donner un repas, je la leur refusai et j'appris, ensuite, que ce repas se donna dans la grande salle du château, et qu'il fut suivi d'une orgie qui amena les glorieuses journées des 5 et 6 octobre.

« Au mois d'octobre, lorsque les braves Parisiens se rendirent à Versailles, ma salle leur fut offerte et ouverte pour leur servir d'asile, ils y passèrent la nuit et on leur procura toutes les subsistances possibles, et même des amusements, car ils eurent aussi des violons.

« A la fuite du Tyran nous eûmes horreur de sa trahison, nous le dîmes hautement et nous n'avons cessé de le répéter depuis.

« A sa mott j'étais à Bruxelles, où je m'étais rendue avec la plus grande partie des artistes de notre troupe, conformément à un arrêté du Conseil Exécutif, pour y propager les bons principes par les représentations des pièces révolutionnaires, mission que nous avons remplie avec toute l'ardeur et le patriotisme de vrais Républicains. J'en appelle au témoignage des députés de la Convention Nationale, des Commissaires du Pouvoir exécutif et de tous les bons patriotes qui étaient alors à Bruxelles. Je n'ai eu liaison, dans ce pays, qu'avec nos artistes; plusieurs logeaient dans ma même maison et nous man-

gions ensemble. Ce fut à la suite et en réjouis-
sance de la mort du Tyran que, tous les patriotes
réunis, nous coupâmes les portraits, c'est-à-dire
les têtes de Marie-Thérèse, mère de la scélérate
Marie-Antoinette, et du tyran Joseph, son frère;
nous les envoyâmes aux Jacobins, avec une
adresse que j'ai signée ainsi que tous les bons
patriotes; je n'ai point signé d'autre pétition ni
d'autre arrêt.

« A la trahison de l'infâme Dumouriez, je
fus obligée de me sauver précipitamment avec
mes camarades; quelques heures plus tard, nous
eussions été pendus par les Autrichiens; je fus
donc forcée de me sauver et d'y abandonner un
magasin considérable que j'y avais fait apporter
et une fort belle montre que j'y ai laissée en
gage; plusieurs de mes camarades furent obligés
d'y laisser aussi de leurs effets : nous y avions
joué, la veille, *la Prise de la Bastille.*

« De retour à Paris, je rendis au Pouvoir
exécutif le compte des recettes et dépenses, avec
les pièces justificatives à l'appui, et, pour en diminuer le déficit, je portai en recette les 25,000 livres qui m'avaient été données en secours, en
1792, comme à plusieurs autres spectacles de
Paris. Je n'ai point inséré ce trait dans mon
Mémoire imprimé, mais il est aisé de s'en assurer

par le compte que j'ai rendu et les reçus que j'ai
donnés.

« Les comptes des recettes faites aux spectacles, les frais journaliers du théâtre, ont été
arrêtés à Bruxelles par les Commissaires du Pouvoir exécutif qui avaient ordre d'y veiller ; je
n'étais donc qu'un être passif pour cet objet.

« Pour ne point abuser des moments des
membres de la commission, en traçant en double
les mêmes faits, j'ai écrit au citoyen Neuville
d'insérer, dans sa série, ce que nous avons eu le
bonheur de faire conjointement, pour la Révolution, ainsi que notre position avant et depuis la
Révolution.

Hébert et Chaumette, ces deux scélérats ennemis de tous les bons patriotes, m'ont calomniée
et fait jeter dans les fers où je suis depuis plus
de sept mois ; mon Mémoire imprimé, ci-joint,
répond au romand *(sic)* d'impostures qu'ils ont
eu la cruauté de fabriquer contre moi, et j'espère
que mes juges, instruits de la pure vérité, vont
enfin me rendre à la Liberté.

« Fait en la maison d'arrêt de la Petite-Force,
ce 28 prairial, l'an II de la République une et
indivisible.

« MONTANSIER. »

Il eût été difficile, certes, à Mlle Montansier,

de montrer plus d'habileté, d'indépendance de
cœur dans ce plaidoyer grave dont elle était en
droit d'espérer le succès; malheureusement pour
elle les commissaires implorés prenaient, avant
toute décision, l'avis des membres du Comité de
Salut public, comité qui lui-même obéissait au
moindre mot de Robespierre; aussi donnèrent-ils
par leur complet mutisme, le droit à la directrice
de maudire, avec une énergie nouvelle, les magistrats bizarres qui ne voulaient ni l'élargir ni la
mettre en jugement.

Elle eût pu pourtant savoir gré, à celui qui
l'avait spoliée, de ne pas faire le geste qui, en
envoyant à la mort un couple décrié, l'eût débar-
rassé de plaintes agaçantes en lui enlevant pour
l'avenir la crainte de toute réparation. C'est par
la guillotine que Robespierre faisait résoudre les
difficultés personnelles ou publiques; il y mettait
du zèle car, en l'été de 1794, le couperet fatal
n'abattit pas moins de soixante têtes par jour.
C'était trop, et, craignant d'être eux-mêmes
victimes de cette rage sanguinaire, les partis
modérés de la Convention se coalisèrent pour
anéantir le rhéteur-bourreau. Mis le 9 thermidor
(27 juillet) hors la loi, Robespierre fut exécuté
le lendemain, avec son frère, Couthon, Saint-Just
et dix-sept autres terroristes.

La satisfaction fut grande dans Paris, surtout dans les prisons où les suspects, rassurés, entonnèrent des cantiques. Ils ne furent pas, toutefois, libérés aussi vite qu'ils l'avaient pu croire. Pour la Montansier et Neuville, par exemple, la mort de Robespierre eut comme seule conséquence immédiate leur transfert de la Petite-Force au Collège du Plessis, attenant à Louis-le-Grand. Cela n'était pas pour les satisfaire ; aussi, ressaisissant la plume, Mlle Montansier dédia-t-elle bientôt à Colombel, secrétaire du nouveau Comité de Sûreté générale, cette supplique, conservée, comme les deux qui précèdent, à la Bibliothèque de l'Opéra :

> « Maison d'arrêt Egalité, ci-devant collège du Plessis, ce 18 fructidor, l'an 2 de la République.

« Citoyen Représentant,

« Je ne te connais que de réputation et cela me suffit pour être sûre que tu écouteras favorablement les cris de l'innocence opprimée.

« Depuis dix mois je languis dans les fers par suite des calomnies aussi absurdes qu'atroces des Chaumette et Hébert qui m'accusèrent, au

Conseil général de la Commune, d'avoir fait bâtir le Théâtre-National, rue de la Loi, avec des fonds de Pitt et de la Liste civile, dans le dessein de mettre le feu à la Bibliothèque, et décernèrent en conséquence un mandat d'arrêt contre moi qui fut mis à exécution dans la nuit du 24 au 25 brumaire.

« Le citoyen Neuville a été arrêté dans son lit, la minute d'après, sans aucun mandat d'arrêt, sur le seul motif d'une porte de communication de mon logement au sien.

« Il y a près de huit mois que nous avons été interrogés par le même Administrateur de Police. Nos réponses, appuyées de pièces d'autant plus justificatives que le citoyen Rouen, notaire, apporta lui-même les minutes de tous les actes d'emprunts et de sommes fournies pour cette construction; nos réponses, dis-je, firent connaître toute la fausseté, toute l'absurdité de l'accusation.

« Le rapport en fut fait dans le temps à l'Administration de Police; mais cette Administration, composée alors de plusieurs complices de ces deux scélérats, n'osa pas contrarier leurs desseins perfides en nous rendant la liberté qui nous était due; elle renvoya le tout au Comité de Sûreté générale où sont toutes nos pièces.

« Les affaires majeures dont le Comité de Sûreté générale a été surchargé, les factions, les conspirations, la tyrannie des Triumvirs ne lui ont pas laissé le temps de s'occuper des affaires particulières; mais les traîtres ont été déjoués et punis par l'énergie de nos dignes Représentants; l'allégresse est dans tous les cœurs, l'espoir renaît dans celui des innocents opprimés. Remplis le nôtre en faisant rendre justice, et conséquemment la liberté, à deux victimes de la calomnie et de l'oppression qui ont donné, dans tous les temps et dans toutes les occasions, des preuves de leurs sentiments patriotiques et révolutionnaires.

« Salut et fraternité.

« MONTANSIER. »

Le programme de la Convention s'était trop modifié pour que ses agents osassent mépriser la dénonciation d'un abus. Colombel donc fit une enquête, dont le résultat naturel fut un arrêté décidant la mise en liberté de la réclamante et de son associé. Le 30 fructidor an II (16 septembre 1794), Mlle Montansier et Neuville, enfin libres, tombaient en pleurant dans les bras l'un de l'autre...

11

XV

Les directeurs du Théâtre-National veulent être indemnisés. — Premier Mémoire. — Sept millions !
— Nouvelles requêtes. — Une phrase imprudente.
— Projet combattu. — Mlle Montansier et Neuville
à la barre de la Convention. — Quelle somme leur
est votée. — Queue de liquidation. — Au Conseil
des Cinq-Cents. — Le Consulat clôt l'affaire.

Le premier soin des directeurs libérés fut de
mettre un peu d'ordre dans leurs affaires. Le
théâtre de la Montagne, assez prospère, était en
outre bien noté par suite de l'habileté qu'on avait
eue de glisser dans son répertoire des pièces
ultra-républicaines comme *la Plume de l'ange
Gabriel*, *la Sainte Omelette* et *le Campagnard
révolutionnaire*. On n'avait donc qu'à le maintenir dans la voie où il trouvait profit en même
temps que sécurité.

Le Théâtre-National, lui, était devenu le siège

officiel de l'Académie de Musique qui l'avait modifié à sa guise, s'y trouvait bien, et ne manifes-
tait aucune velléité de restitution. Mlle Montansier n'entendait point pourtant que d'autres récol-
tassent où elle avait semé : on lui rendrait sa
salle ou on l'indemniserait dans des proportions
telles qu'elle pût au moins se libérer des dettes
accumulées pendant son illégale captivité. Dès
qu'elle eut reconquis ses papiers déposés aux Archives, on la vit commencer, avec l'aide de Neuville, la plus active comme la mieux justifiée des
campagnes.

Voici, dans son intégrité, le premier des Mémoires rédigés par les réclamants sous ce titre :
*Les Propriétaires du Théâtre-National à la Con-
vention Nationale*, et portant la date du 20 frimaire an III (10 décembre 1794) :

« Législateurs,

« Nous venons devant vous nous plaindre d'at-
tentats portés à la liberté individuelle et aux
droits sacrés de propriété. Nous vous dirons comment on a foulé aux pieds tous les principes pour
nous dépouiller; nous vous parlerons avec franchise, avec confiance, vous nous écouterez avec
intérêt.

« Nous sommes, d'après des actes authenti-
ques, indiscutables, *seuls propriétaires* du spectacle National établi rue de la Loi. Tout ce que
nous avions de fortune et de crédit a été employé pour élever, dans le plus beau quartier
de cette commune, le plus bel atelier que l'on ait
encore ouvert aux arts.

« La jalousie n'avait pas vu sans inquiétude
s'élever ce monument; l'intrigue le convoitait :
à peine était-il ouvert que la calomnie le fit
fermer.

« Pour s'emparer plus facilement du spectacle,
on nous incarcéra, nous propriétaires. Nous sommes libres enfin, après onze mois de captivité;
nous sommes dispensés de prouver que notre dé-
tention fut injuste, mais, si l'on pouvait en dou-
ter, il suffira de dire qu'une dénonciation d'Hébert, qu'un réquisitoire de Chaumette ont été les
seuls motifs de notre incarcération. Un bruit
sourd avait précédé notre emprisonnement, ce
bruit avait atteint une nouvelle consistance lors
des premiers jours de notre captivité : quelques
hommes avaient le projet de s'emparer de notre
salle et d'y placer l'Opéra.

« Pouvions-nous croire à un pareil attentat !
Et cependant, à peine sommes-nous incarcérés

que, foulant aux pieds toute justice, toute pudeur, sans nous appeler, sans nous consulter, regardant déjà notre propriété comme un héritage, par un arrêté de l'ancien Comité de Salut public du 27 germinal qui n'est pas soumis à la sanction de la Convention, ces mêmes hommes s'emparent de notre théâtre, y transfèrent les artistes de l'Opéra, envoient au faubourg Saint-Germain les artistes du théâtre de la Loi, et n'accordent que trois jours pour un déménagement qui exigeait plusieurs décades; on prend nos magasins, on prend aussi ceux du théâtre maison Egalité, qui nous appartient, et l'on enlève même à celui de Versailles plusieurs de nos décorations.

« Il est impossible, dans une adresse, de donner un aperçu des pertes énormes qui ont été la suite de cette violation de tous les principes, de tous les droits, de cet assaut donné à nos propriétés et du pillage qui a suivi l'assaut.

« Aujourd'hui les constructeurs, les fournisseurs et tous ceux qui avaient pris des termes avec nous, nous assiègent à leur tour; nos immeubles sont saisis réellement, nos meubles vont être exécutés; des ennemis sourds ont empoisonné l'opinion publique sur notre compte, et lorsque la liberté nous est rendue, nous n'avons pas même de quoi payer nos premiers besoins.

« Mais notre droit, votre justice nous soutiennent; nous venons réclamer aujourd'hui contre tout ce qui s'est fait à notre préjudice, et conséquemment au préjudice de nos créanciers; et certes la Convention l'ignore. Nous venons, armés de cette déclaration des droits, que des séditieux ne violeront plus, que des tyrans ne mettront plus en oubli, armés de cette sublime adresse qui assure au peuple les vrais trésors de liberté, nous venons vous demander justice; nous venons réclamer nos propriétés; mais, législateurs, en nous les rendant simplement, cette justice ne serait pas complète.

« La non-jouissance nous a fait perdre la confiance générale; en coupant les canaux de notre industrie on a tué notre crédit. Nos créanciers souffrent de nos délais; il est de notre devoir de les calmer, de les satisfaire. Sans les vexations exercées contre nos personnes et nos propriétés, nous l'eussions fait. Ainsi, à cette dégradation du local, à cet enlèvement des magasins de toute espèce, à cette désorganisation d'une grande machine, enfin à tous ces maux réels, il faut un remède : il ne nous appartient pas de l'indiquer; c'est à vous, législateurs, à prononcer sur les remboursements dus et sur les justes indemnités qui nous deviennent nécessaires, indispensables pour rentrer dans une activité dont nous n'avons été privés que par la tyrannie.

« Notre cause fixera sans doute l'attention de la Convention Nationale; nos droits sont trop légitimes pour ne pas espérer qu'enfin vous nous affranchirez totalement des fers dont nous avait accablés un pouvoir arbitraire et tyrannique, et que vous pèserez, dans votre sagesse, le jugement qui doit à jamais fixer nos espérances et notre sort.

« Vive la République! Vive la Convention Nationale!

« BOURDON-NEUVILLE, BRUNET-
MONTANSIER. »

Cette requête, appuyée d'une consultation juridique signée Verteuil, fut renvoyée par la Convention à ses comités d'instruction publique et des finances. Au nom de ces derniers, Ramel fit, le 23 frimaire (13 décembre), un rapport dans lequel étaient évaluées à sept millions les réclamations de Neuville et de Mlle Montansier.

— « Sept millions pour un théâtre, s'exclama Bourdon, de l'Oise, on aurait à ce prix une escadre de sept vaisseaux! »

L'Assemblée reconnut qu'en principe un dédommagement était dû aux pétitionnaires, mais ajourna sa décision sur le montant même de la somme à allouer.

A très peu d'intervalle, Neuville et son amie reprirent l'exposé de leurs doléances et de leurs *desiderata* dans deux nouveaux Mémoires intitulés : *Note essentielle relative à l'affaire des propriétaires du Théâtre-National volés, incarcérés, vexés par l'ancien Comité de Salut public;* — *Dernières observations des propriétaires du Théâtre-National à la Convention Nationale.*

Intervint alors un groupe de créanciers qui, faisant cause commune avec l'Opéra menacé, prétendit que leur salle faisant partie du domaine national, Montansier et Neuville n'étaient plus propriétaires; qu'ils ne l'avaient jamais été, parce qu'ils n'avaient même pas payé de leurs deniers les frais de l'acte d'acquisition du terrain; qu'enfin la solution logique était la mise en vente de l'immeuble en conteste.

A cela les intéressés répondirent, dans une violente brochure : *Réfutation des mensonges intitulés : Observations sur l'affaire du Théâtre des Arts par les créanciers de ce même théâtre,* que personne n'étant assez riche pour mettre enchère, le magnifique établissement serait adjugé pour le tiers de sa valeur, et qu'en dehors des quelques coalisés les ayants droit seraient par suite réduits à la misère.

« Indiquer ce complot à des hommes justes, concluaient-ils, c'est le déjouer. Ils sauront faire distinguer le régime républicain de celui où les courtisanes obtenaient tout au moyen de quelques gentilshommes de la chambre, et disposeront les choses de manière que les Lays et les Phrynés n'aient pas à s'applaudir de leurs manœuvres. »

Pour le plaisir de jouer avec le nom de son principal adversaire — Laÿs, chanteur de l'Opéra ou théâtre des Arts — Mlle Montansier s'exposait, comme on voit, à se faire rappeler durement qu'elle avait figuré jadis dans un monde très galant et que ses procédés pour obtenir des privilèges n'avaient point différé de ceux qu'elle prétendait flétrir. Il fut heureux pour elle que nul ne punît sa boutade.

Le 16 ventôse an III (6 mars 1795), l'affaire du Théâtre-National revint devant la Convention. Un membre désigné par les comités des finances et des domaines fit à ce sujet un rapport proposant de rendre à Mlle Montansier la salle de la rue de la Loi et de réinstaller, dans le délai de trois mois, le théâtre des Arts dans le bâtiment du boulevard Saint-Martin. Ce dessein provoqua des critiques.

— « Je m'oppose, dit entre autres Bentabolle, au projet de décret. Je pense que l'on doit favoriser l'Opéra plutôt que la citoyenne Montansier qui, si j'en juge d'après ce qui se passe dans son théâtre, au Palais-Egalité, fera encore de cette nouvelle salle un lieu de ralliement pour les contre-révolutionnaires. On a chanté dernièrement, dans la salle du Palais-Egalité, des vers royalistes, des vers en l'honneur de Charlotte Corday.

« REWBELL. Je ne me serais jamais imaginé qu'il ne fallût pas rendre justice à un propriétaire de spectacle parce qu'on aurait chanté de mauvais couplets sur son théâtre. Le Comité de Salut public a ruiné la citoyenne Montansier en lui prenant sa salle et tous ses accessoires, et elle sera toujours ruinée si, en lui rendant sa salle, nous ne lui rendons pas ce qui peut la faire valoir. Vous devez lui remettre sa chose dans l'état où vous l'avez prise et lui en payer les loyers.

« LEGENDRE. La persécution que la citoyenne Montansier a éprouvée est une suite du complot qui fut ourdi pour arracher du sein de la Convention plusieurs de ses membres qu'on a égorgés. C'est encore un des crimes de Robespierre.

Avant de tuer un homme il fallait le dépopulariser, et pour cela Robespierre se servait de Chaumette et d'Hébert. Le journal de celui-ci était comme la trompette de Jéricho; quand ce scélérat avait fumé trois fois sa pipe autour d'une réputation, il fallait qu'elle pérît. Chaumette et Hébert ont répandu que Danton et Lacroix avaient contribué à la construction du spectacle, et il a été prouvé depuis qu'ils n'y avaient pas fourni un sou. La Montansier a été onze mois en prison; elle a échappé à l'échafaud, et tout son crime était d'avoir bâti ce spectacle pour enrichir la nation, car c'est l'enrichir que de faire prospérer les arts... »

Malgré ce débat, aucune solution n'intervint encore. Mlle Montansier et Neuville se résolurent alors à une manifestation personnelle; le 1er messidor (19 juin), ils parurent à la barre de la Convention et présentèrent, dans les formes voulues, une pétition demandant :

1° La restitution de leur propriété et de ses dépendances mobilières et immobilières;

2° Que, par experts nommés respectivement entre le gouvernement et eux, il fût procédé sur-le-champ à l'estimation des sommes à eux dues par le gouvernement, tant pour raison de la jouissance qu'il avait eue et avait encore de leur propriété que pour raison des dégradations faites au bâtiment, et pour les autres objets de réclamations légitimes énoncés dans leurs précédentes pétitions; lesquels experts seraient tenus de terminer leurs opérations dans le délai d'un mois;

3° Que, sur le vu du procès-verbal d'estimation desdits experts, la Trésorerie nationale en paierait le montant soit à eux, soit à leurs créanciers qui jusque-là ne pourraient faire d'autres poursuites contre eux que de simples actes conservatoires.

Renvoyée de droit à la commission des finances, cette supplique fut examinée avec une célérité louable, car le 7 messidor (25 juin) le rapporteur Vernier présenta à la Convention, qui l'adopta, le décret suivant :

« La salle du théâtre des Arts, rue de la Loi, avec toutes ses dépendances mobilières et immobilières, est réunie au Domaine national, par voie d'acquisition, du consentement des citoyens Bourdon-Neuville et Brunet-Montansier, propriétaires, moyennant la somme de huit millions, et autres conditions portées dans les soumissions par eux remises à raison de cette acquisition, lesquelles demeurent annexées au présent décret et seront imprimées à la suite, pour être exécutées tant envers eux qu'envers leurs créanciers, suivant leur forme et teneur. »

Huit millions, c'eût été pour nos gens la fortune si, par une restriction adroite, cette grosse somme n'eût été stipulée payable en assignats, et si les paiements eussent été effectués avec la promptitude commandée par les circonstances. Or, au 9 ventôse an VI (27 février 1798), l'Etat restait devoir 449,415 livres aux propriétaires, 920,335 livres à leurs créanciers, soit 1,369,750 livres, et la Montansier, accablée de poursuites ruineuses, dut à cette date recommencer, auprès du Directoire, une campagne de plaintes et de réclamations.

Bien que le Conseil des Anciens eût, le 13 floréal (2 mai), approuvé l'autorisation donnée neuf jours auparavant au Directoire, par le Conseil des Cinq-Cents, de traiter à l'amiable avec les citoyens Montansier et Neuville pour le reliquat dû, ce n'est qu'en floréal an VII, c'est-à-dire une année plus tard, que cette négociation fut sérieusement tentée. Mlle Montansier et Neuville réduisaient alors leur demande à 625,072 livres payables trois quarts en domaines nationaux, un quart en numéraire, à la condition qu'à cette somme s'ajoutassent le prix des onze arcades du Palais-Royal acquises le 15 juin 1789 — 570,000 livres — et celui de trois autres arcades acquises le 24 frimaire an VII — 4,001,000 livres en assignats, faisant en numéraire 40,000 livres.

Cela fut discuté, le 14 prairial an VII (2 juin 1799) au Conseil des Cinq-Cents. Briot, député du Doubs, y proposa de payer, en domaines nationaux, les 625,000 livres réclamées par les associés; mais sur l'opposition violente de Crochon, de l'Eure, et de Richard, des Vosges, qui jugeaient Mlle Montansier suffisamment indemnisée, le Conseil adopta la question préalable.

Deux ans passèrent, pendant lesquels le Directoire fit place au Consulat. Alors, sur demandes nouvelles, fut liquidée enfin la dette contractée par l'État au sujet du théâtre de la rue de la Loi : un arrêté des Consuls, en date du 13 floréal an IX (3 mai 1801), accorda à Mlle Montansier et à Neuville, pour solde de leur créance, 1,200,000 francs en valeurs diverses et 100,000 fr. sur le Grand-Livre.

Cette somme parut à plusieurs un peu forte; elle était, en réalité, si insuffisante que, pour désintéresser les moins patients de ses créanciers, Mlle Montansier dut vendre onze des quatorze arcades dont elle était propriétaire.

XVI

La salle du Palais-Royal en vogue. — Réaction dans
les mœurs. — Les filles reviennent d'exil. — Le
foyer Montansier, d'après les livres de l'époque. —
Le *Quai de la Volaille*. — Robillard, commissaire
spécial. — Bonbons ou cachot. — Mlle Montansier
cède sa direction. — Un quintette d'administrateurs.
— Le *Théâtre Montansier-Variétés*.

Tandis que Mlle Montansier essayait de récu-
pérer les fonds mis dans son grand théâtre,
qu'était-il arrivé à sa petite salle du Palais-
Royal? Rien que de très heureux.

En 1795, d'abord, on lui avait rendu le nom
de sa directrice, puis la mode à nouveau l'avait
adoptée quand des artistes comme Brunet, Tiercelin, Volange étaient venus renforcer une troupe
comptant déjà ces sujets estimés : Mmes Caro-
line, Baroyer et Flore. Volange conservait toute
l'originalité avec laquelle il avait créé le bon

type de Janot; Tiercelin triomphait dans les rôles populaires; pour Brunet, parfait de naturel et de naïveté, il était le Cadet-Roussel né, le Jocrisse idéal.

Une circonstance encore servait le théâtre Montansier; il était, après Thermidor, devenu l'arsenal d'où sortaient les traits décochés aux puissants de la veille; *le Concert du jour*, *le Thé à la mode*, *l'Intérieur des comités révolutionnaires* et d'autres ouvrages présentaient, sous leur véritable aspect, les tyrans abjects dont on rougissait d'avoir si longtemps subi le pouvoir ridicule.

Enfin, complétant le changement politique, était advenue dans les mœurs une réaction dont avait profité le Palais-Royal et, conséquemment, l'ancien théâtre de la Montagne. Les filles bannies en 1793 étaient revenues, plus nombreuses et plus provocantes; elles avaient repris leurs anciennes habitudes, celle surtout de faire du foyer Montansier le champ principal des galantes manœuvres qui leur valaient une célébrité européenne.

Deux petits livres, *l'Optique du jour* et *les Rencontres au foyer Montansier*, nous retracent la physionomie de ce lieu qu'on eût pu nommer le boudoir du Palais-Royal. Les communications

immédiates qui existaient entre la salle et le
foyer donnaient à l'une et à l'autre un aspect
très animé : c'était un mouvement continuel de
conversations commencées sur un canapé et qu'on
allait terminer dans une baignoire, ou de marchés entamés à l'orchestre, qu'on se hâtait d'aller
conclure ailleurs. Toutes les classes de la société
avaient des places assignées au théâtre Montansier; on y voyait parfois des femmes honnêtes,
mais, en temps ordinaire, elles cédaient le pas à
celles que leur état obligeait à être jeunes et
jolies et qui formaient dans la salle une réunion
que l'on n'eût pu trouver ailleurs. Les entr'actes
étant le moment brillant de la soirée, l'administration avait soin de les faire longs autant que
nombreux. Alors se répandait dans le foyer une
nuée de femmes éblouissantes de parure et de
beauté, autour desquelles papillonnait la jeunesse dorée, disputant leurs faveurs banales aux
officiers républicains, aux fournisseurs du gouvernement, aux agioteurs du Perron, et à la
troupe joyeuse des auteurs attitrés du théâtre.

Une galerie placée à la hauteur des premières
loges et qui régnait dans toute la largeur du
foyer servait de place d'honneur aux plus jolies
des hétaïres. De ce balcon, savamment accoudées,
elles distribuaient leurs plus doux sourires. Là

trônaient *l'As de pique, la Belle Paysanne, la Stainville, la Lévêque, le Roi Théodore, la Bacchante,* toutes créatures expertes en l'art d'exciter les désirs masculins. On nommait irrespectueusement cette galerie : *le Quai de la Volaille.*

Un commissaire spécial, nommé Robillard, était préposé à la garde de toutes ces demoiselles. Ses soixante ans, sa corpulence énorme, ses lunettes larges comme des roues de cabriolet, sa coiffure de 87 et ses boucles d'argent à la Chartres ne le mettaient pas à l'abri des espiègleries de ses administrées. Bon enfant, il avait dans ses poches des douceurs destinées aux brebis soumises, mais les récalcitrantes se voyaient par lui enfermées dans une espèce de salle de police, durant les entr'actes, et privées ainsi du meilleur de leur casuel.

Au bout du foyer, et l'un en face de l'autre se trouvaient un comptoir de limonadier et un petit magasin de librairie. Le premier servait aux préliminaires des traités amoureux; le second, tenu par Mme Cavanagh, débitait des ouvrages malsains, illustrés avec fantaisie, dont s'approvisionnaient les curieux de province ou de l'étranger.

Les façons de ses abonnés n'étaient pas pour scandaliser Mlle Montansier. Son passé l'obli-

geait à une indulgence dont ses intérêts, d'ailleurs, se trouvaient à merveille. Du fait des
acteurs ou des courtisanes le théâtre du Palais-
Royal était toujours comble, et la directrice eût
amassé des rentes si ses profusions et son insou-
ciance n'eussent rendu la chose impossible. Puis
les dettes du Théâtre-National pesaient sur elle
d'un poids tel que, pour s'en délivrer partielle-
ment, elle dut se résoudre à céder l'entreprise
qui était sa meilleure ressource. Le 18 germinal
an VI (7 avril 1798), elle loua sa petite salle à
un quintette composé des sieurs Foignet père,
Simon, Ribié, D*** et de Mme veuve Nicolet.

Foignet et Simon s'étaient fait connaître
comme compositeurs de musique, Ribié comme
auteur et acteur, Mme Nicolet comme digne compagne de l'impresario qui avait pour devise :
De plus fort en plus fort; quant au D*** qui
gardait l'anonyme, on le supposait ami, sinon
mieux, de la mûre cédante.

D'après leur traité les nouveaux directeurs ne
pouvaient changer le nom du théâtre Montansier;
il leur était loisible pourtant d'ajouter à ce nom
le mot Variétés, et ils s'y décidèrent le jour
même de leur entrée en jouissance.

XVII

Parmi les personnages célèbres qui ne crai-
gnaient pas de paraître dans le milieu bruyant,
grouillant, qu'était le foyer Montansier, figurait
un des parlementaires qui, en vertu de la Constitution de l'an III, gouvernaient la France sous le
nom de Directoire : le Provençal Barras.

Mlle Montansier était pour Barras une très
vieille amie. Elle l'avait connu à Versailles alors
que, comme vicomte, il faisait à la cour de
Louis XVI un modeste début. Bien que, dans
ses *Mémoires*, Barras prétende que les relations

entamées alors furent toujours innocentes, un témoignage formel démontre, au contraire, qu'il eut le plaisir d'être un des nombreux amants de la belle Béarnaise. Bien placé pour tout voir et entendre, l'acteur Fleury surprit un jour, entre la directrice et le jeune gentilhomme, ce dialogue édifiant :

— C'est à n'y pas tenir, disait Barras jaloux, vous jetez votre cœur à la tête de tout le monde.

— Il faut bien faire un peu les honneurs du Midi à ces gens de la capitale.

— Savez-vous comment cela s'appelle?

— Oh! l'on baptise tout aujourd'hui; sous Louis XIV j'aurais été appelée Ninon, mais tout dégénère, les hommes d'à présent ne savent gré de rien.

— Il faudrait vous remercier peut-être quand, pour obéir à un penchant de coquetterie...

— Vous êtes dans l'erreur sur ce genre de penchant ; c'est chez moi pure bonté d'âme. Est-ce ma faute si je suis la femme du monde la plus persuadée que, si la vie est un bienfait, on ne la reçoit qu'avec l'obligation d'embellir celle des autres?

Trompé, Barras avait pris le parti de rire en

quittant sa maîtresse, mais, comme tous ceux qui l'avaient aimée, il était resté son ami.

Devenu puissant, en raison du rôle qu'il avait joué en Thermidor comme général en chef des troupes conventionnelles, Barras s'était volontiers employé pour faire ouvrir les portes du Plessis où gémissait, avec Neuville, son amante d'antan, et amener ensuite la réparation des pertes subies par les deux associés. Reconnaissante, Mlle Montansier lui avait offert un appartement dans les vastes locaux dépendant de sa salle de spectacle, et Barras, qui menait à Paris la vie de garçon, bien qu'il eût en Provence une épouse légitime, Barras, disons-nous, s'était empressé d'accepter un abri dans ce Palais-Royal où ses goûts de plaisirs pouvaient à l'aise se satisfaire.

Il tint là table ouverte pour les bons patriotes que la Révolution n'avait pas enrichis. Un de ces besogneux, si l'on en croit Barras, se distinguait tout particulièrement par son assiduité à demander au Directeur une part des déjeuners et des dîners quotidiens ; c'était le général de brigade Bonaparte, qu'une de ces visites intéressées devait, au mois de septembre 1795, mettre en présence de Mlle Montansier. Laissons, sur cette rencontre et les suites qu'elle faillit avoir, la parole à Barras lui-même, et citons textuellement les *Mémoires* dont nous apprécierons ensuite le plus ou moins d'exactitude :

« S'il ne s'agissait que de moi, me dit un jour Bonaparte, je pourrais attendre avec patience; un homme n'a pas de grands besoins ; mais j'ai une famille qui est dans la plus extrême détresse. Je sais bien que nous viendrons à bout de la mauvaise fortune : en révolution, il doit se trouver du pain pour tout le monde, et il y a assez longtemps que les aristocrates détiennent les biens de la terre ; il faudra bien que notre tour arrive. En attendant, nous souffrons.

« Je ne pouvais donner tort à une plainte fondée sur une position personnelle aussi ingrate; je dis à Bonaparte : « — Tu as du talent, de la capacité, du courage, du patriotisme; tout cela trouvera et prendra sa place quelques jours plus tôt ou plus tard; patience... » Et, comme ce mot *patience* paraissait mal sonnant à son oreille : « Eh bien, lui dis-je en riant, veux tu marcher plus vite encore? Je vais te donner un moyen : c'est un mariage. Nous procédions ainsi dans l'ancien régime; j'en ai vu faire beaucoup ainsi. Tous nos nobles ruinés, ou qui n'avaient jamais été dans l'état de l'être, étant nés sans aucune fortune, tous ces nobles arrangeaient ainsi leurs affaires : ils guettaient les filles de négociants, de banquiers, de financiers; ils n'en manquaient pas une. Pour peu que j'aie le temps de regarder et de réfléchir, je pourrai te trouver cela... »

« Dans le moment où je parlais ainsi à Bonaparte, on m'annonça Mlle Montansier qui venait fréquemment chez moi sans cérémonie, en déshabillé de voisine. Déjà septuagénaire au moins (1), elle portait son âge avec l'avantage que soutient un certain embonpoint, de la gaîté, de la prévenance dans ses manières, tout ce qui engage la conversation. Elle me parla avec un sentiment de confiance en moi et de flatteuse sécurité de l'état de trouble qui se faisait sentir dans Paris, de l'agitation des sections.

« — Vous vous en tirerez encore, nous dit-elle, vous autres; vous êtes des hommes, vous êtes militaires. Quand vous n'êtes pas tués, vous avez de la gloire et vous faites tout ce que vous voulez. Voyez au contraire notre sort, nous autres femmes isolées, sans appui; nous sommes en quelque sorte prédestinées au pillage et à toutes

(1) Barras vieillit par calcul Mlle Montansier, qui n'avait alors que soixante-cinq ans. Pour le même motif, il la dit isolée quand Neuville vivait publiquement avec elle, et il donne de son arrestation une raison inexacte.

les infortunes; nous sommes des vaincues en tout état de cause; nous appartenons au vainqueur quel qu'il soit; nous ne pouvons pas nous battre. Ah! continuait en riant Mlle Montansier, si le bon Dieu m'avait bien voulu faire homme, si j'avais le droit de porter des culottes, jarnicoton! (en élevant la voix) je ne vous laisserais pas aller seuls au feu, citoyens, je vous le promets, ma parole d'honneur. » — Elle promenait en même temps ses doux regards sur moi et le petit militaire qu'elle voyait dans mon intimité.

« — Madame n'a donc point de mari? dit Bonaparte à Mlle Montansier avec un ton plein d'intérêt ; elle est bien sûre au moins de ne pas manquer de bras pour la défendre.

« — Tu entends bien, dis-je à Bonaparte, que Madame n'a point de mari puisqu'elle est demoiselle; c'est Mlle Montansier qu'on avait arrêtée avant le 9 thermidor parce qu'elle est riche, parce qu'on lui redoit plus d'un million, et par beaucoup de raisons qui valent autant et ne valent pas moins.

« — Hélas! oui, dit d'un air mélancolique Mlle Montansier, j'étais en prison, et je pouvais bien être au moment de périr, comme tant d'autres qui ne l'ont pas mieux mérité que moi, lorsque Barras nous a enfin délivrés de ce dé-

mon de Robespierre et nous a permis de respi-
rer. C'est à Barras que je dois la vie. Aussi me
trouvé-je doublement heureuse de ce qu'il a bien
voulu accepter un logement chez moi : il me
semble qu'il me protège comme un paratonnerre.
— Mademoiselle, répond Bonaparte, qu'est-ce
qui ne serait pas flatté et honoré d'être votre
défenseur? Le citoyen Barras ne manquera pas
d'amis qui seraient charmés de faire comme lui. »
— Mlle Montansier regarda avec un aimable sourire le petit militaire qui se présentait si galam-
ment; elle le remercia : — « Ce n'est pas de
refus, dit-elle, je suis bien aise que les amis de
Barras soient les miens, et j'y compte. » — En
s'exprimant ainsi, elle se rapprochait familière-
ment du petit militaire et lui donnait une légère
tape, qu'on pouvait appeler une caresse, sur la
joue : — « Oui, citoyens, je compte sur vous
tous », ajouta-t-elle, et elle se retira gaîment,
nous saluant avec une douce amitié et nous
priant « de lui faire l'honneur de dîner chez elle
ce jour même. On se rapporterait l'un à l'autre
ce qu'on aurait appris dans le jour, enfin l'on
serait tous ensemble s'il fallait se défendre. »

« Bonaparte avait entendu avec une grande
attention ce que j'avais dit de la fortune de
Mlle Montansier, et il me prouva que cette at-

tention avait un principe d'intérêt fort réfléchi.
— « Eh bien, me dit-il le lendemain, vous m'avez
mis, citoyen représentant, en coquetterie avec
Mlle Montansier. On ne donnerait réellement
pas son âge à cette femme ; elle est pleine de
gaîté, elle est bonne et complaisante; elle est
toujours occupée du désir de rendre tout le
monde à son aise.

« — Abrège tes compliments, répondis-je en
riant à Bonaparte. J'ai parlé de mariage avec toi
fort récemment, tu n'en as pas perdu la mémoire; est-ce que tu aurais envie de donner suite
à mon idée? Explique-toi franchement : veux-tu
épouser Mlle Montansier?

« — Citoyen représentant, me dit en bais-
sant les yeux Bonaparte, cela mérite réflexion.
La personne de mademoiselle n'a rien qui me
contrarie, la disproportion d'âge est comme tant
de choses auxquelles on n'a pas le temps de faire
attention dans les révolutions; mais ce que vous
avez dit de sa fortune est-il aussi réel depuis
ses malheurs qu'auparavant? Quand on pense à
une affaire aussi sérieuse que le mariage, il faut
savoir sur quelle base on l'appuie.

« — Je ne puis répondre à tes questions qui
sont celles d'un homme plus sensé que moi, répondis-je, car moi je me suis marié il y a quel-

que vingt ans et je ne m'arrêtai pas à ces réflexions; il est vrai que si je contractai mariage
fort lestement, je le quittai plus lestement encore, car le lendemain de mon mariage je suis
parti pour les Indes, et depuis je n'ai pas revu
ma femme.

« — C'est bien une perspective qu'on peut
avoir aussi, dit Bonaparte, en formant certaine
union; on peut très bien voyager militairement,
quand on a d'abord arrangé ses affaires.

« — Eh bien, je me charge de faire à
Mlle Montansier les questions dont la solution
pourra répondre à tes vœux. Pour commencer
par le commencement, il faut que je sache
d'abord si elle veut se marier, si elle le voudrait
avec toi; après cela j'en viendrais à traiter l'affaire de sa fortune, où elle en est aujourd'hui.

« Bonaparte me remercia très humblement. Je
lui tins parole. La réponse de Mlle Montansier,
sans aucun déguisement, fut qu' « elle ne de-
manderait pas mieux que de se marier, pour
faire une fin, dit-elle franchement, et puis pour
avoir un protecteur doublement nécessaire à une
femme qui avance en âge... »

« — C'est un militaire qu'il vous faut, lui
dis-je amicalement. — Elle me prend la main, je
serre la sienne, et lui dis : « J'ai votre affaire

toute trouvée…. » — Un instant après je lui demande où elle en est de sa fortune après toutes ses tribulations; elle me répond n'avoir pas moins de 1,200,000 francs, elle m'en peut fournir la preuve; « elle sera heureuse de partager sa fortune avec celui à qui elle devra sa tranquillité ».

« Je croyais que nous nous quittions lorsque, l'instant d'après celui-ci, Mlle Montansier revient et me demande aussitôt quelle est cette affaire trouvée dont je lui ai parlé.

« — C'est un jeune militaire que vous avez aperçu chez moi, qui vous a beaucoup remarquée. Il vous a trouvée charmante et il est prêt à vous le prouver. — Serait-ce ce jeune homme que j'ai vu et qui m'a fait des compliments si flatteurs? — Pourquoi pas celui-là même? — Mais il n'a pas trente ans, je serais sa mère! — Si ce jeune homme n'a pas trente ans sonnés, il est beaucoup plus avancé que son âge en raison, en réflexion. On a pu, en l'apercevant, lui accorder peu de considération en raison de son exiguïté; mais c'est un brave officier, qui a fait déjà de belles preuves au siège de Toulon, et qui se distinguera, j'en réponds. J'ai entendu ceux qui ne le connaissaient pas l'appeler *la culotte de peau*, et il est au-dessus de ces lazzis par son caractère et par ses talents. Je suis sûr que la femme qu'il épousera sera heureuse et honorée. »

« Il ne faut pas beaucoup d'éloquence, lorsque la question de la disproportion d'âge est mise de côté, pour intéresser en faveur d'un jeune homme le cœur d'une femme sensible, déjà arrivée à cette maturité qui est la vieillesse même. Le dernier amour n'a pas moins d'ardeur et de vérité que le premier...

« Je reviens au mariage projeté. Bonaparte le désire; il ne m'a fait qu'une question, c'est *celle de la fortune de sa future.* Cette question est heureusement résolue selon ses vœux, puisqu'il reste 1,200,000 francs encore à Mlle Montansier; il n'y a donc plus qu'à s'entendre, à se revoir pour faire les accords.

« Je dois faire trouver ensemble, à dîner, les futurs époux; je les engage chez moi; ils acceptent tous deux avec un empressement égal. Les voyant arriver à l'heure du dîner, se rencontrer en se regardant chacun avec un grand intérêt de physionomie, je serais au moment d'éclater de rire; mais il faut garder son sérieux, il faut que tout se passe dans les formes. Je place à table Mlle Montansier à côté de moi; je dis à Bonaparte de se mettre vis-à-vis de nous, pour faire les honneurs de son côté. Le dîner ne se passe pas sans que tous les deux aient leurs regards fixés l'un sur l'autre.

« Nous nous levons de table : les fiancés s'approchent, se mettent à causer très particulièrement. Je m'écarte, afin de ne pas déranger l'intéressant colloque; mais déjà, sans vouloir surprendre leurs paroles, je les entends dire de ces mots qui feraient croire à l'intimité d'une connaissance ancienne : « Nous ferons ceci, nous ferons cela »... *Nous*, à chaque instant : c'est déjà ce *nous* de *Corinne*, si bien exprimé par Mme de Staël dans son roman célèbre. Bonaparte parle de sa famille, qu'il espère faire connaître à Mlle Montansier. Sa mère, tous ses frères apprécieront une femme aussi distinguée. Il veut, aussitôt que cela sera possible, la mener en Corse : c'est un excellent climat, pays de longévité, pays neuf où avec quelques capitaux on peut faire une fortune rapide, la doubler en très peu d'années, etc. Bonaparte fait à sa future des châteaux en Corse, qui valent les châteaux en Espagne...

« Mais, à l'époque où nous sommes (je veux parler du débat qui existe entre les sections de Paris et la Convention Nationale), il n'est pas possible de rester tranquille un après-dîner chez soi, et de s'y complaire à quelques idées individuelles. Au moment où j'allais me mêler à la conversation des deux tourtereaux, voilà qu'on me vient avertir qu'il y a du trouble dans Paris, que je suis mandé au Comité de Salut public par mes collègues. « Je vous charge de garder la maison », dis-je à Bonaparte et à Mlle Montansier, et je les laisse ensemble...

« Les événements qui survinrent ne permirent guère de s'occuper d'autre chose que de la bataille à laquelle était attaché, sans équivoque, le salut de la République. Depuis sa dernière entrevue avec Mlle Montansier, son futur était devenu un héros et, sans qu'on puisse croire qu'il fût le seul ni même le premier acteur de la victoire du 13 Vendémiaire, j'avais aimé à lui en donner une bonne part.

« Mlle Montansier, apprenant l'issue des événements, avait cherché à me rencontrer tous les jours; mais trois jours venaient de s'écouler sans que j'eusse pu rentrer me coucher ni changer de chemise... Mlle Montansier, m'atteignant enfin, me saute au cou pour me féliciter de notre triomphe : elle est doublement heureuse. Exultante de joie, elle me demande des nouvelles de son futur. Ce qui prêterait à rire, si la plaisanterie n'était pas contraire à la décence, c'est que, prononçant presque à l'italienne beaucoup de mots, notamment la lettre *u* comme *ou*, Mlle Montansier disait naïvement : « Comment va mon *fou-tour ?* »

« Je lui apprends que son *foutour* s'est émi-nemment distingué, et que je vais le proposer pour avoir de l'avancement. Dans un moment aussi doux pour son cœur et flatteur pour ses idées, Mlle Montansier ne se croit plus obligée à baisser les yeux dans une timidité virginale; elle me dit avec vivacité : « Eh bien, quand le ma-riage ? — Donnez-lui le temps, bientôt, lui répon-dis-je. Eh! pour mieux arranger tout, que ne nous donnez-vous à dîner aujourd'hui chez vous-même, car, dans l'intervalle qui vient de nous séparer, nos marmites ont été renversées, et il faut que vous veniez à notre secours. — Vous n'avez fait que prévenir mes vœux : ma table et tout ce qui peut être à votre service, ainsi que toute la maison, je vous prie d'en disposer sans aucune réserve ni cérémonie. »

« Je retourne au quartier général, où Bona-parte m'attendait, me demandant mes ordres. Après avoir mis en règle le plus pressé : — « Tu es invité aujourd'hui à dîner, lui dis-je, avec moi, non pas chez moi, mais chez Mlle Mon-tansier, ta future. » Il sourit avec une espèce d'ironie qu'on aurait cru de regret : « C'est très flatteur, me dit-il, citoyen représentant, nous

n'aurons guère le temps de dîner encore aujour-
d'hui. — Eh bien! demain, car il faudra bien
dîner encore si nous ne sommes pas morts. »
Je fais dire à Mlle Montansier que « je lui demande ses bontés seulement pour le lendemain »;
elle me répond qu' « elle est à notre disposition toutes fois et quand nous voudrons. » — Bonaparte, le lendemain, ne paraissait pas plus empressé que la veille; je lui dis sans aucune réflexion : « A cinq heures et demie, général, vous
m'accompagnerez. — C'est militairement, me dit
Bonaparte; je ne suis qu'un soldat, je ne sais
qu'obéir. » — Nous arrivons. Mlle Montansier nous
attendait avec une toilette qui n'avait pas l'air
d'être sans dessein; elle fait aussitôt servir,
puis, prenant par la main Bonaparte et moi tout
ensemble, elle nous fait passer dans la salle à
manger, et nous place tous les deux à côté d'elle,
moi à sa droite, Bonaparte à sa gauche.

« Un magnifique dîner, splendidement servi,
arracha quelques compliments à Bonaparte; mais
c'est à peu près tout ce qu'il dit; ce n'est plus
l'homme aimable, complimenteur et à projets cor-
ses des jours précédents, c'est un homme taci-
turne, enfoncé dans ses réflexions. Au dessert
on propose un toast aux vainqueurs de Vendémiaire; j'accepte au nom de mes compagnons

d'armes absents : « Ils sont d'ailleurs dignement représentés ici par mon ami le général Bonaparte. » Mlle Montansier, se tournant particulièrement de son côté, porte le toast en regardant avec intérêt son futur époux. Il est sensible à cet hommage, mais en l'acceptant comme chose qui lui serait due : il n'est pas moins renfrogné.

« Le dîner n'était pas tout à fait achevé qu'on vint demander Bonaparte pour affaire de service. Il se lève de table, rentre l'instant d'après, et me dit que c'est son aide de camp Junot qui est venu lui faire un rapport important sur quelques nouvelles machinations sectionnaires; il est indispensable qu'il se rende au poste; il m'en demande la permission et, sans attendre ma réponse, il se dirige vers la porte en saluant fort rapidement et de l'inclinaison de tête la plus légère. Je l'arrête pour lui dire de me tenir instruit de ce qui peut être survenu de nouveau, que je l'attends lui-même; il salue encore fort lestement Mlle Montansier, annonce qu'il ne va pas tarder à revenir, part et ne revient pas... »

L'ex-vicomte de Barras attachait tant d'importance aux relations de Bonaparte avec la Montansier qu'il composa lui-même le récit que

nous venons de reproduire, tandis qu'il laissait
à divers amis le soin de donner, sur des notes
plus ou moins laconiques, une forme à ses *Mémoires*. Pour tout juge clairvoyant, les *Mémoires*
de Barras n'ont été entrepris que dans ce double
but : dresser à leur auteur un piédestal exagéré;
montrer sous un aspect odieux ou grotesque le
soldat qui, au 18 Brumaire, avait traité le chef
des *pourris* avec un dédain justifié par ses mœurs
impures et sa notoire incapacité. Mais, si ardente
que soit une haine politique, elle ne saurait autoriser l'usage d'inventions ridicules ou basses. Du
nombre des premières est cette assertion de Barras que, devant Toulon comme au 13 Vendémiaire, le rôle de Bonaparte fut très insignifiant.
Comment comprendre alors que, de capitaine
qu'il était au début du siège de Toulon, Bonaparte devînt, à la prise de la ville, général de
brigade, et qu'après Vendémiaire Barras même
insista pour que « la culotte de peau » qu'il dif-
fame fût nommé chef suprême de l'armée de l'intérieur? Amèrement contrit d'avoir contribué à
la fortune de Napoléon, Barras s'accuse presque
de s'être intéressé à lui par caprice, sans motif
justifiable, mais la postérité ne prendra pas le
change : elle croira que Barras, député et directeur, avait su discerner le mérite, et que Barras,

vieux et aigri, s'est calomnié lui-même pour servir sa rancune.

L'intrigue où évolue, près d'une courtisane
blette, le futur maître des rois nous apparaît non
moins suspecte. Elle est, dans ses détails au
moins invraisemblable. Que Bonaparte, pauvre
et cherchant l'emploi de facultés déjà prouvées,
ait talonné Barras pour sortir par son aide, d'une
gêne et d'une inaction écœurantes, cela était fort
naturel en un temps où, plus qu'en aucun autre,
la faveur primait tous les droits. Que par perfidie ou malice, le représentant débauché ait un
jour lancé l'officier dépourvu à l'attaque d'une
place qui ne demandait qu'à capituler, nous l'ad-
mettons encore; mais quand le conteur montre
Bonaparte opérant avec enthousiasme, quand
surtout il affirme que Mlle Montansier possédait
1,200,000 francs alors qu'elle n'avait que dettes
et procès, il est permis de dire qu'il peint les
choses avec plus de fantaisie que de bonne foi.
Bornons-nous donc à croire qu'en ces circonstances l'attitude de Bonaparte fut, comme il con-
venait, celle d'un homme qui sentait l'embarras
de sa position de fortune, mais avait l'âme
trop fière pour consentir à s'en tirer par un moyen
ridicule ou malpropre.

XVIII

Mlle Montansier se marie. — Un bon ménage. —
Directrice encore. — *L'Opéra-Buffa.* — La rue
de la Victoire et la salle Favart. — Une débâcle.
— Mme Montansier prisonnière pour dettes. —
Mort de Neuville. — Un adieu théâtral. — La
Comédie-Française jalouse. — Une nouvelle salle.
— Dans la Cité. — Inauguration du *Théâtre des
Variétés.*

Mlle Montansier n'avait pas sans chagrin re-
noncé aux exploitations dramatiques, seules
affaires qu'elle aimât; son esprit veillait et son
œil scrutait l'horizon, car elle était bien décidée
à profiter de la première occasion favorable pour
rentrer dans l'arène.

En attendant, elle se maria. Sans intermédiaire
ni difficultés, car le compagnon légal qu'elle prit
n'était autre que l'homme qui, l'ayant aimée jeune,
avait, pendant un tiers de siècle, traversé avec

elle de nombreuses aventures : Honoré Bourdon, dit Neuville. Ils s'épousèrent le 6 septembre 1800. Cette union, qui ne surprit personne, fut heureuse; il n'en pouvait être autrement dans un ménage où le mari, se résignant au second rôle, laissait mener la barque à sa femme, dont il admirait sincèrement le génie.

Ce génie trouva le moyen de se manifester quand les victoires de Bonaparte en Italie donnèrent un cours nouveau aux idées parisiennes. On fit des fêtes pour les célébrer, et la circonstance poussa naturellement les amateurs de musique italienne à regretter l'absence des Bouffes. Les troubles politiques les avaient fait fuir, et Duhem, en pleine Convention, l'avait constaté de cette façon un peu naïve : « L'épouvante a saisi des étrangers qui ne peuvent pas prendre le même intérêt que nous à notre révolution. » — Entendant désirer des chanteurs italiens, Mlle Montansier sortit de sa retraite et offrit de reconstituer le spectacle des Bouffes. Elle connaissait bien la musique et avait à Versailles, en 1787, exhibé des virtuoses cisalpins dont s'étaient délectés les seigneurs de la cour. En raison de ce précédent et des intelligences qu'elle avait su se ménager auprès de Mme Bonaparte, ses propositions furent agréées; mais, pour dire vrai, elle n'eut pas grands efforts à faire, car le Premier Consul l'avait devancée en formant à Milan une troupe chantante avec laquelle l'entrepreneuse n'eut qu'à traiter.

C'est dans une petite salle de la rue de la Victoire, appelée *Salle Olympique*, que Mme Montansier installa le nouvel Opéra-Buffa. Il ouvrit, le 31 mai 1801, par deux ouvrages d'une bonne école, spectacle si abondant que, commencé à huit heures précises, il finit à une heure du matin; par malheur le tarif des places avait une ampleur égale — 12 francs au parquet, 16 francs dans les loges, — et plus d'un dilettante s'était, pour cette raison, abstenu. Dès le lendemain, prix des places, durée du spectacle, tout rentra dans l'ordre et de bonnes recettes s'en suivirent.

La musique italienne était chère au Premier Consul, mais l'explosion de la machine infernale l'avait rendu prudent et, sollicitée d'occuper avec son époux une loge au nouveau théâtre lyrique, Joséphine dut avouer à la directrice que jamais Bonaparte ne s'aventurerait dans les voies étroites conduisant à la rue de la Victoire. Désireuse avant tout de plaire à celui qui détenait le pouvoir et dont la popularité faisait pressentir les très hautes destinées, Mme Montansier n'hésita pas à louer, à un prix insensé, la salle Favart que l'Opéra-Comique venait d'abandonner, et dont sa troupe, fort augmentée, prit possession le 17 janvier 1802.

Elle eut là le plaisir de recevoir maintes fois le couple Bonaparte, mais le très grand chagrin de faire rarement ses frais. En vain lutta-t-elle, aidée des 42,000 francs que le gouvernement lui avait alloués comme avances; il lui fallut, le 16 janvier 1803, abandonner la place en avouant un énorme passif.

Comme ses réclamations au sujet du Théâtre-National venaient d'aboutir, on ne voulut pas croire à ses embarras, et ses créanciers usèrent envers elle d'une rigueur extrême : ils la firent arrêter.

Conduite à la Préfecture, Mme Montansier y resta vingt jours, au bout desquels, pour être libre, elle aliéna les trois arcades du Palais-Royal qui lui restaient encore.

A peine était-elle remise de cette violente alerte qu'un malheur réel l'atteignit : Neuville mourut. Si blasée qu'elle fût sur les catastrophes, Mme Montansier retrouva des larmes pour pleurer le vieux camarade dont le dévouement étouffait constamment les scrupules. A chaque écart de sa maîtresse, Neuville avait fulminé, mais sa colère était toujours tombée devant le repentir de celle qu'il aimait.

Avant qu'on clouât le cercueil, Mme Montansier fit découdre le drap qui enveloppait le corps de son mari et, découvrant sa tête dans un geste un peu théâtral :

— Neuville, dit-elle, adieu, ami chéri. Nous avons beaucoup souffert l'un par l'autre; pardonne-moi comme je te pardonne.

Puis, l'ayant embrassé, elle se retira en sanglotant.

Neuville fut enterré avec faste, au milieu de sympathies qui s'adressaient à son amie plutôt qu'à sa mémoire même.

Un long temps abattue, Mme Montansier retrouva toute son énergie pour sauver de la mort l'entreprise qui portait son nom.

Le théâtre Montansier-Variétés faisait de si bonnes affaires que, jalouse, la Comédie-Française avait entamé contre lui une campagne tendant à le faire supprimer. Sans aller aussi loin, l'Empereur, circonvenu, enjoignit par décret aux administrateurs d'évacuer le Palais-Royal le 1er janvier 1807.

Indignée, Mme Montansier protesta et, par l'intermédiaire de l'Impératrice, obtint l'autorisation de réédifier son théâtre à une plus grande distance des Comédiens Français. Elle réunit alors la société des Cinq pour lui proposer la construction d'une salle boulevard Montmartre et, en attendant, une installation provisoire dans l'ancien théâtre de la Cité. Effrayés des dépenses, Foignet et Simon se retirèrent, mais la Montansier et Brunet prirent leurs places et les deux choses furent décidées.

Comme il en avait l'ordre, le théâtre Montansier joua pour la dernière fois au Palais-Royal le 31 décembre 1806. Ses adieux au public furent touchants. Désaugiers, Francis et Moreau avaient, pour la circonstance, composé une série de couplets rappelant chacun un rôle ou une pièce à succès; tous furent bissés par le public en larmes.

Il fallut de très grands efforts pour faire passer la Seine aux Parisiens, esclaves de leurs habitudes. On y parvint pourtant, et un simple vaudeville, *la Famille des Innocents*, réalisa dans la Cité des recettes étonnantes.

Le 24 juin 1807, la salle du boulevard Montmartre, construite en douze mois, fut inaugurée, sous le nom de *Théâtre des Variétés*, par *le Panorama de Momus*, ingénieux vaudeville inventé pour prévenir le public du genre adopté par les administrateurs, et lui présenter en même temps les acteurs dans les rôles qu'ils avaient le mieux réussis. Des mêmes auteurs que les couplets d'adieux, la pièce d'ouverture fut comme eux applaudie, et commença par un succès le répertoire auquel les Variétés ajoutent encore chaque année d'heureux titres.

XIX

Acrobates et poupées. — La dernière entreprise de
Mme Montansier. — Le *Théâtre des Jeux-Forains*,
son histoire et son répertoire. — Tardif amour. —
On ferme. — Retraite définitive de Mme Montan-
sier. — Singulière existence. — 1814. — L'enter-
rement de Mlle Raucourt. — Placet à Louis XVIII.
— Chagrin suprême. — Mort de Mme Montansier.
— Le billet de faire-part.

Indépendamment du cinquième qu'elle possédait dans l'administration des Variétés, Mme Montansier restait propriétaire de la petite salle du
Palais-Royal. Elle obtint l'autorisation de l'exploiter, pourvu qu'elle n'y mît pas une troupe
de comédiens. Elle loua, de 1807 à 1810, à des
faiseurs de tours, à des danseurs de corde; un
de ces derniers, Ravel, fit courir là tout Paris.
Puis l'Italien Alberico Francisque y montra les
Pupi-Napolitani, poupées qui, adroitement ma-

nœuvrées, jouaient des tragédies, des comédies, des opéras et même des ballets-pantomimes. Des chiens savants leur succédèrent; enfin, en août 1810, un administrateur sérieux se présenta et, sous le nom de *Jeux-Forains*, ouvrit un vrai spectacle. Il avait droit de jouer, à l'aide de marionnettes, des scènes en vaudevilles, et d'y joindre des pièces à spectacle interprétées par des acteurs dont deux seulement pouvaient parler. Cette combinaison réussit au point que Mme Montansier crut adroit de se substituer à son locataire. Elle sortit du grenier les comédiens de bois du comte de Beaujolais, — comédiens qu'en 1785 elle avait essayé d'évincer au profit d'élèves dramatiques ou lyriques, — et, après les avoir habillés tout à neuf, leur adjoignit une nombreuse troupe d'adultes qu'elle mena vaillamment au combat.

On n'a jamais dressé le catalogue des pièces données aux Jeux-Forains; il sera à sa place dans les pages consacrées à l'entreprise dernière de notre héroïne.

DIRECTION FICHON

14 août 1810, *Arlequin partout*, pantomime en 2 parties, par Lafargue;

14 août, *Almey et Alzire*, scènes en 2 parties, par Auguste Jacquinet, musique de Lemaigre;

3 septembre, *l'Ile du silence, ou les Femmes muettes*, scènes en 2 parties, par William;

20 septembre, *la Fille mise à prix, ou Gilles et Guignolet rivaux d'Arlequin*, scènes comiféeries en 2 parties, par Villeneuve, musique de Simonet.

DIRECTION MONTANSIER

23 octobre, la *Résurrection de Brioché*, prologue d'inauguration en 1 acte, par Martainville;

23 octobre, *la Roche du diable*, scènes-féeries en 3 parties par Frédéric (Dupetit-Méré), musique de Lanusse;

6 novembre, *le Monde renversé*, vaudeville en 1 acte, par Rozet;

15 novembre, *la Noce de village*, pantomime en 1 partie, par Frédéric (Dupetit-Méré), musique de Lanusse;

4 décembre, *la Famille des Cendrillons, ou Il y en aura pour tout le monde*, folie-parodie en 1 acte, par Henri (Simon), musique de Simonet;

20 décembre, *la Cheminée enchantée, ou le Mariage secret*, scènes - folies - pantomime en

2 parties, par Frédéric (Dupetit-Méré), musique de Lanusse;

26 décembre, *les Prétendus de l'allée des Veuves*, vaudeville en 1 acte, par Henri (Simon);

10 janvier 1811, *Arlequin au café des Jeux-Forains*, prologue-vaudeville en 1 acte du *Sabot miraculeux*, par Henri (Simon);

10 janvier, *le Sabot miraculeux, ou l'Ile des Nains*, scènes-féeries en 3 parties, par Frédéric D*** (Dupetit-Méré), musique de Lanusse;

24 janvier, *la Toque merveilleuse*, scènes en 3 parties, par Alphonse;

7 février, *Une Soirée de carnaval, ou les Folies du jour*, scènes comiques en 1 acte, par Jacquinet;

20 février, *l'Olympe en goguettes, ou le Mardi-Gras des dieux*, vaudeville en 1 acte, par Henri Simon;

20 mars, *l'Ile des Amazones*, pantomime en 2 actes, par Lafargue;

25 mars, *Moulinet second, ou les Marionnettes de Constantinople*, parodie-vaudeville en 1 acte de *Mahomet II*, par Henri Simon;

30 mars, *le Berceau céleste, ou les Vœux de Rome*, scènes à l'occasion de la naissance du Roi de Rome, précédées du *Conseil des fées*,

prologue-vaudeville en 1 acte, par Frédéric Dupetit-Méré, musique de Lanusse;

11 avril, *le Grand Festin de Pierre*, scènes foraines en 3 parties, par Rivière, musique de Cunissy;

18 avril, *les Femmes corsaires*, vaudeville en 1 acte, par Rozet;

30 avril, *Je suffoque! ou les Prétendants à la gloire*, parodie-vaudeville en 1 acte de *Sophocle*, par Henri Simon;

6 mai, *la Collation à la hussarde*, scènes-pantomime en 2 parties, par Magniaudé et Perroud;

13 mai, *le Lever du rideau, ou le Régisseur embarrassé*, impromptu-vaudeville en 1 acte, par P.-J. C... (Charrin);

6 juin, *les Petits caquets*, prologue explicatif de *la Sœur de la Miséricorde* en 1 acte, par Henri (Simon) et Rozet;

6 juin, *la Sœur de la Miséricorde, ou le Spectre vivant*, scènes en 3 parties, par Bernard (Léon), musique de Foignet fils.

8 juin, *l'Amour et l'Hymen, ou le Tribunal de Cythère*, pantomime en 1 acte, par Frédéric Dupetit-Méré;

19 juin, *Une Matinée de Charlemagne*, scènes en 1 acte, avec prologue, par Henri Simon et Rozet;

26 juin, *la Fausse léthargie, ou les Médecins d'emprunt*, vaudeville en 1 acte, par***;

8 juillet, *la Femme punie, ou les Vœux indiscrets*, vaudeville en 1 acte, par Amédée;

20 juillet, *le Petit Poucet, ou l'Ogre de la montagne de fer*, scènes en 3 parties, par Frédéric (Dupetit-Méré), musique de Lanusse;

1er octobre, *la Fille tambour*, scènes en 3 parties, par Charrin et Frédéric Dupetit-Méré.

On a pu remarquer qu'à la fin de l'été de 1811 l'activité de Mme Montansier semblait s'être beaucoup ralentie; il n'y avait point de la faute de la directrice, et la lettre suivante, adressée par elle au ministre de l'Intérieur, la justifie de tout reproche en laissant apparaître, dans l'administration supérieure, une hostilité de mauvais augure :

« Paris, ce 30 octobre 1811.

« Monseigneur,

« Permettez-moi de vous retracer ici la malheureuse situation dans laquelle je me trouve, par le refus que l'on me fait au Ministère de la Police générale de me rendre les pièces que je me proposais de faire jouer dans ma salle du Palais-

Royal, et que j'ai soumises à la censure comme c'était mon devoir. J'ai demandé si ces pièces contenaient quelques passages contre les mœurs ou le gouvernement, et il m'a été répondu que les censeurs y avaient donné pleine approbation.

« Quel peut donc être le motif qui empêche de me les remettre?

« Cependant, par l'effet de ces retards, mes recettes diminuent journellement; je ne puis offrir que des spectacles usés, que le public connaît et qu'il ne veut pas revoir.

« Si cet état de choses et de persécution continue, je suis ruinée. Obligée de payer la part des pauvres, celle des auteurs et celle de l'Académie impériale de Musique, je me trouve chaque soir au-dessous de mes frais.

« Votre Excellence m'a permis de rouvrir ma salle du Palais-Royal qui était ma seule ressource. Si je ne puis jouer aucune pièce nouvelle, le bienfait que j'ai reçu de vous, non seulement ne me sera pas profitable, mais il aura causé ma ruine.

« M. MONTANSIER, Vve NEUVILLE. »

Il ne semble pas que cette plainte, très juste, ait ému le ministre, car les nouveautés s'espacèrent, au Palais-Royal, davantage encore; on y vit, en effet, dans l'espace de six mois, cinq ouvrages qui, si intéressants qu'ils fussent, ne pouvaient suffire à appeler et retenir de la foule :

21 décembre 1811, *le Héros de la montagne*, scènes ornées de changements à vue, évolutions et incendie, par *** (Frédéric Dupetit-Méré), musique de Lanusse;

26 janvier 1812, *le Sac et la Corde, ou la Funambulomanie*, divertissement-pantomime en 2 parties par Cordelier (Cuvelier), musique de Ficelli.

Cette pièce servit aux débuts de Pierre Forioso, danseur de corde qu'on avait vu à Tivoli, cinq ans auparavant, et qui fit applaudir sa vigueur et sa précision.

10 février, *le Berceau d'Arlequin*, jeux forains en 50 scènes, par *** (Frédéric Dupetit-Méré), musique de Lanusse;

21 mars, *Raoul de Montigny, ou les Dangers de la forêt*, scènes héroïques en 3 parties, par Bunel, musique de Mathieu;

8 avril, *la Danse sur la corde au sérail, ou le Dey d'Alger*, scènes-pantomime, en 1 partie, par H. P*** (Perroud).

Comme *le Sac et la Corde*, ce dernier ouvrage

encadrait les curieux exercices de Pierre Forioso,
de sa femme et de ses enfants. On prétend
qu'alors Mme Montansier s'éprit du funambule
avec l'impétuosité d'un cœur jeune; cela fait à
ses sens plus d'honneur qu'à sa sagacité, car voici
le portrait que trace d'elle Paul de Kock, qui la
vit à cette date traverser le Palais-Royal :

« Une petite vieille femme si vieille, si décré-
pite, si ridée, si ratatinée, et par-dessus le marché si grotesquement vêtue que, dans le premier
instant, je crus voir la fée Carabosse... »

Quoi qu'il soit advenu de cette passion sénile,
elle ne porta chance ni à celle qui la ressentait
ni à son entreprise : les Jeux-Forains fermèrent
le premier jour de mai, et la salle, transformée
en café-spectacle, connut des vicissitudes humi-
liantes qui ne devaient cesser qu'en 1831, lorsque
Dormeuil et Poirson firent d'elle ce *Théâtre du
Palais-Royal*, aujourd'hui si prospère.

A la clôture des Jeux-Forains, Mme Montansier, par sagesse ou contrainte, prit sa retraite
définitive. Comme directrice, s'entend, car, toujours insoucieuse, elle ne changea rien à sa manière de vivre. Ses affaires pourtant étaient fort
embrouillées, des créanciers nombreux la harce-
laient, et les frais de justice absorbaient d'ordinaire les trois quarts de ses revenus. Elle n'en

avait pas moins salon et table hospitalière, mais
on ne dînait bien chez elle que quand, par une
adroite manœuvre, on avait obtenu crédit chez
quelque traiteur voisin. Parfois même ces festins
étaient interrompus par l'arrivée d'un officier mi-
nistériel, suivi de deux clercs. Sur l'annonce du
domestique, les convives, faits aux usages, ca-
chaient leurs couverts d'argent sous les ser-
viettes; l'homme d'affaires, commensal obligé de
la maison, se levait de table, surveillait la saisie,
et, l'huissier reconduit, le banquet s'achevait au
milieu des rires.

Quelque temps Mme Montansier, fuyant la capitale, s'installa aux Ternes avec une de ses
anciennes pensionnaires de Versailles, Mlle Lillié,
dont elle avait fait sa compagne, mais elle revint bientôt dans ce Palais-Royal dont l'anima-
tion folle distrayait sa vieillesse. Si gracieux
que fût son accueil, si amusants que fussent les
souvenirs qu'elle aimait à conter, elle ne put
empêcher que le temps, comme toujours, ne fît
insensiblement autour d'elle une solitude presque
complète.

Mme Montansier pourtant se rappela, en plus
d'une circonstance, à l'attention publique. C'est
ainsi qu'en 1814 on apprit qu'elle avait offert à
Elleviou de concourir à la formation d'une com-

pagnie franche que l'illustre chanteur organisait pour défendre Paris, et que, l'année suivante, elle prit part à la manifestation provoquée par un incident des obsèques de Mlle Raucourt.

Célèbre tragédienne du Théâtre-Français, Mlle Raucourt était morte le 15 janvier 1815. Le surlendemain, ses camarades de théâtre s'acheminèrent avec son cercueil vers l'église Saint-Roch. Vivante, Mlle Raucourt, facile à l'aumône, était dans les bonnes grâces du clergé de cette paroisse; morte, ce clergé lui refusa ses prières; il fit fermer l'église, et le corps dut s'arrêter devant la grille placée en avant de la principale porte.

Les amis de la comédienne essayèrent de parlementer, mais le curé ne voulut rien entendre. Les têtes bientôt s'échauffèrent; les plus violents escaladèrent la grille et, comme elle résistait à leurs efforts, ils s'emparèrent du cercueil, lui firent franchir l'obstacle, et parvinrent à le transporter dans l'intérieur de l'église.

Tous ces faits avaient pris du temps; la rue Saint-Honoré et toutes les rues voisines se trouvèrent bientôt remplies par des masses si compactes et si résolues que tous les efforts de la police et des troupes envoyées pour rétablir l'ordre demeurèrent impuissants. Des cris de co-

lère contre le gouvernement et le clergé sortaient
de toutes les bouches; dans les groupes les plus
animés on proposait de se porter sur les Tuile-
ries. Il serait difficile de dire ce qui se fût passé
si Louis XVIII, averti, n'avait envoyé un des
prêtres de sa chapelle pour faire à l'artiste, qu'il
avait applaudie, l'honneur de quelques prières.

Cette satisfaction apaisa la foule; le cercueil
quitta l'église et fut conduit au Père-Lachaise
par plusieurs milliers de personnes.

Au moment où les Comédiens Français parle-
mentaient pour introduire dans l'église les restes
de leur camarade, une dame à cheveux blancs,
quittant le coin de l'église où elle priait, s'avança
vers le curé, obstiné dans son refus, et lui dit :

« — Vous repoussez de votre église le ca-
davre de cette femme et, vivante, vous lui pro-
mettiez comme à moi, en échange des riches au-
mônes que nous vous prodiguions, une félicité
éternelle; tenez, prêtre, croyez-moi, vous semez
l'impiété ! »

La protestataire était Mme Montansier, que
Mlle Lillié entraîna, car les gens de la police
semblaient vouloir lui faire un mauvais parti.

Forcée d'adopter les mœurs d'une impénitente
chicanière, Mme Montansier passa par la suite
tout son temps dans les cabinets d'avocats, les

antichambres des juges, les bureaux des ministres. Ce n'est qu'à renfort de papier timbré qu'elle arrachait à ses créanciers partie des bénéfices produits par le cinquième des Variétés qui était son unique avoir; aussi plaidait-elle contre tout le monde et sollicitait-elle toutes les influences. Une requête, inédite encore, va prouver qu'elle garda, jusqu'en ses derniers jours, sa netteté d'esprit et l'entière conscience des réparations qui lui étaient dues :

« AU ROI.

« Sire,

« Dois-je encore me plaindre d'avoir été dépouillée de la salle où se tient aujourd'hui l'Opéra ?

« Dois-je encore représenter à Votre Majesté que je n'ai été payée qu'avec des valeurs que mes créanciers ont refusées, et que j'ai été forcée, par un arrêté des Consuls du 13 floréal an IX, de me contenter d'un tiers de ce qui m'était dû, et encore en inscriptions sur le Grand-Livre.

« Non, Sire, le mal est fait, vous n'y avez eu aucune part : vous avez plaint les Français, et votre retour n'a eu d'autre objet que de les consoler, de les soulager.

« Si j'ai été poursuivie par des créanciers, ce sont ceux qui m'ont fourni des fonds pour élever ce beau monument, aujourd'hui le Temple des Arts.

« Ils m'ont dépouillée de mes immeubles, et le prix n'a pas suffi pour les payer; le surplus de ma fortune est envahi par eux; des oppositions frappent sur moi de toutes parts; il ne me reste aucunes ressources.

« Si je suis à plaindre après tant de travaux, de peines et de soins, si l'Etre Suprême a prolongé mes jours, c'est qu'il les conservait pour revoir Votre Majesté et pour me faire jouir encore des bienfaits dont votre auguste famille n'a cessé de me combler.

« J'ai demandé des secours à Votre Majesté : je n'ai pas entendu priver les malheureux de ces bienfaits journaliers dont votre bonté les honore.

« Un bienfait d'un autre genre, un bienfait qui ne coûtera rien à l'Etat, qui n'enlèvera aucune des sommes que Votre Majesté consacre aux infortunés, voilà ce que je demande à Votre Majesté.

« Je suis la doyenne des Directeurs des Théâtres de toute la France; j'ai fait construire la salle de l'Opéra; les premiers sujets de la scène française ont été mes élèves, mes pensionnaires; Fleury, Mlle Mars et tant d'autres n'ont eu qu'à se louer de moi, tous sont prêts à me donner des preuves de leur attachement.

« Que Votre Majesté m'autorise à faire donner chaque année une représentation à mon bénéfice dans cette salle que j'ai élevée à grands frais.

« Tous les talents se réuniront, les riches apporteront leur offrande, et je serai consolée, je serai soulagée.

« Je ne dois pas jouir longtemps de cette faveur qui ne nuira à personne, et le commerce de la capitale gagne toujours à ces représentations de luxe et de plaisirs.

« De Votre Majesté,

« Sire,

« La très humble, très respectueuse servante et fidèle sujette,

« MONTANSIER, Vve NEUVILLE. »

Cette pièce n'est pas datée, mais une note nous apprend que, sur l'ordre de Louis XVIII, elle fut transmise par le duc de Duras au comte de Pradel, le 29 avril 1819, avec recommandation de prendre les informations nécessaires pour rendre compte au roi. Que révéla l'enquête? On l'ignore, mais il est bien certain qu'aucune fête artistique ne fut organisée au profit de Mme Montansier.

Pour comble de malheur, l'important monument qu'elle se faisait gloire d'avoir édifié fut, quelques mois plus tard, évacué et voué à une destruction complète, par suite de l'assassinat du duc de Berry, perpétré à sa porte. Ce fut le coup de grâce pour l'ancienne directrice, qui mourut sans regrets le 13 juillet 1820.

Voici le faire-part qu'envoyèrent son exécuteur testamentaire, Lheureux, avocat, et ses héritiers : Francisque Alberico, ancien directeur des *Pupi Napolitani*, et Mlle Lillié :

« Vous êtes prié d'assister aux Convoi, Service et Enterrement de Dame Marguerite Brunet-Montansier, Veuve de feu Honoré Bourdon-Nœuville, associée à l'Entreprise du Théâtre des Variétés, décédée à l'âge de 89 ans 1/2 en sa Maison, rue de Beaujolais n° 13, au Palais-Royal;

« Qui se feront demain samedi 15 juillet 1820, à 11 heures précises du matin, en l'Eglise paroissiale de Saint-Roch. »

XX

Depuis. — Les livres. — Le théâtre. — *Les Quatre
Ages du Palais-Royal. — Mademoiselle Montansier.
— La Montansier.* — Conclusion.

La retraite de Mme Montansier était trop complète pour que sa disparition fît grand bruit.
Quelques lignes dans les feuilles quotidiennes
saluèrent seules la mémoire de cette femme dont
le monde des arts s'était si souvent occupé.

Le seizième volume de l'*Annuaire dramatique*
rendit, l'année suivante, témoignage à l'esprit
actif, au généreux cœur de la disparue. C'est
dans cette notice, parfois inexacte, qu'ont puisé
depuis les faiseurs d'encyclopédies et même les
auteurs des ouvrages suivants : *Le Comédien
Neuville et Mlle de Montansier à Rouen,* par
C. Hippeau (1862), et *la Vie de théâtre,* par Victor Couailhac (1866); aussi ne les doit-on lire
qu'avec une certaine défiance.

Les auteurs dramatiques ont-ils mieux célébré l'étonnante Béarnaise? On en va juger par la courte analyse des pièces où elle figure.

Théâtre du Palais-Royal, 13 mars 1834 : *Les Quatre Ages du Palais-Royal*, histoire dramatique en 3 époques, par Théaulon (avec Chazet).

« Le prologue de l'ouvrage se passe en enfer. Pluton, convoquant les esprits soumis à son pouvoir, leur apprend que le cardinal de Richelieu fait élever, au centre de Paris, un palais somptueux qui doit devenir un séjour de béatitude terrestre. Il faut empêcher cela, et Bélial, un des favoris du sombre monarque, retourne sur la terre avec mission de s'établir dans le nouveau palais pour en faire un foyer d'abomination. C'est dans le corps de Boisrobert, aumônier du roi Louis XIII et poète dramatique, que Bélial établit d'abord son âme de démon, puis, un siècle plus tard, dans celui du comte de Nocé, mauvais génie du Régent. L'épisode qui nous intéresse se joue ensuite sous ce titre : *Le Palais-Egalité, ou le Salon de Mlle Montansier*. Nous sommes en 1794, la Terreur règne, et Bélial, devenu Titus-le-Rouge, perruquier gascon, sert de pourvoyeur aux prisons d'où ses victimes ne sortent que pour monter sur l'échafaud. Mlle Montansier, directrice du théâtre du Palais-Royal, se fait au contraire un devoir de venir en aide à tous ceux que menacent les lois. Elle est jeune encore, jolie, et le représentant du peuple Barras, qui loge chez elle, se met en tête de la marier au commandant Bonaparte qui est pauvre et cherche en vain à employer son énergie. Cependant Mlle Montansier a donné asile à la jeune Adèle de Saint-Géran, fille d'un comte guillotiné; elle la fait passer pour actrice en attendant qu'elle puisse l'envoyer à la Martinique. C'est à Saint-Just, conventionnel puissant, que la directrice demande le sauf-conduit nécessaire; or Saint-Just, amoureux d'Adèle, a été jadis repoussé par ses parents et a gardé rancune de cet affront; feignant de ne point reconnaître la proscrite, il rédige contre elle un ordre d'arrestation et l'envoie porter par le domestique du théâtre. Chez la Montansier, où Barras l'a convié, Bonaparte, qui se soucie peu de l'union proposée, apprend que le ministre vient de le nommer général; il a dès lors le pied à l'étrier et reçoit avec joie les félicitations de son ami Talma. Mais, tandis qu'on le congratule, des soldats commandés par Titus-le-Rouge envahissent le salon et arrêtent Mlle de Saint-Géran ainsi que la géné-

reuse femme qui l'a recueillie. On est, par bonheur, au 7 thermidor, et Barras fixe au 9 du
même mois la chute de Robespierre et la libéra-
tion des deux innocentes. »

Palais-Royal, 29 janvier 1841 : *Mademoiselle
Montansier*, comédie-vaudeville en 1 acte, par
Bayard et Gabriel.

« La scène se passe sous le Directoire, dans
un salon attenant au théâtre Montansier. Epris
de la directrice, le jeune Gustave se donne
comme auteur pour arriver à elle, mais c'est du
papier blanc qu'il lui présente en guise de manus-
crit; cela fait rire la dame, trop avisée pour
dédaigner un cœur qui lui paraît sincère. Mis en
confiance près d'elle, Gustave raconte qu'il a
aimé jadis, en Suisse, la fille d'un émigré dont
les événements politiques l'ont depuis séparé;
c'est le passé, cela, et la Montansier n'en a cure.
Mais voici que Volange, régisseur du théâtre,
présente à la directrice une jeune fille qui demande la faveur d'un début; on cause, et la
Montansier retrouve dans l'actrice nouvelle l'enfant d'un certain Formont qui lui a rendu d'importants services. Ce Formont est traqué, sans
ressources, et c'est pour le nourrir que sa fille

veut se mettre au théâtre. Mlle Montansier l'engage, avec l'idée bien arrêtée de la payer à rien faire tandis qu'elle-même travaillera au salut du proscrit. Elle obtient par Barras la grâce du pauvre homme, mais ses efforts sont mal récompensés, car Gustave, mis en présence de Mlle Formont, reconnaît en elle sa passion première et lui rend son cœur. Vexée, mais bonne quand même, la Montansier alors unit les amoureux. »

Ces deux frêles anecdotes constituaient tout l'hommage du théâtre à l'inventrice de plusieurs scènes (1), quand des écrivains s'avisèrent que sa vie pouvait faire le sujet d'un ouvrage important. Ils avaient vu si juste que, d'un mois de cette vie, ils tirèrent trois actes auxquels il suffit de souder un prologue pour les rendre dignes d'intérêt.

Théâtre de la Gaîté, 24 mars 1904 : *La Montansier*, pièce en 4 actes, dont un prologue, par MM. Gaston de Caillavet, Robert de Flers et Jeoffrin.

---

(1) Remarquons que les Variétés, où l'on conserve le fauteuil dans lequel Mlle Montansier s'asseyait pour veiller aux répétitions, n'ont jamais évoqué publiquement le souvenir de leur fondatrice.

« Mme Montansier, tante de Marguerite Brunet, fait à Paris commerce d'antiquités. Depuis quinze jours elle n'a pas vu sa nièce, mais voici que les gentilshommes qui partagent, sans trop se disputer, les faveurs de la belle Béarnaise arrivent chez la tante où, par un billet de même style, Marguerite leur a donné rendez-vous. Convoqués par leur camarade Neuville, des comédiens sont également là. Les seigneurs pleins de morgue plaisantent les histrions dont l'auteur Dorvigny déclare prendre la défense; il va croiser le fer avec le maréchal de Cossé quand Marguerite survient, les réconcilie et invite tout le monde à souper. Pendant que l'on prépare les tables, Marguerite présente à sa tante son nouvel amant, c'est Neuville avec lequel elle rêve jouer la comédie, sur une scène lui appartenant. Elle n'a ni autorisation, ni local, ni argent, mais ses amis sont là, et, avec quelques phrases, elle a bientôt tiré du duc de Richelieu un privilège, de Cossé un terrain, de l'abbé de Bouyon des fonds, si bien qu'il ne reste qu'à boire au succès du nouveau théâtre et à la santé de celle qui prendra désormais le nom de Montansier.

« Plusieurs années passent. La Révolution est venue; Marguerite, que ses relations avec l'ancienne cour ont rendue suspecte, cache imprudemment parmi ses comédiens le marquis Philippe de Pommeuse qu'elle aime, et qui s'est compromis pour le roi. Mais des visites domiciliaires viennent d'être décrétées, et la Montansier, inquiète, s'adresse au conventionnel Saint-Just pour parer au danger d'une perquisition chez elle. Saint-Just aime Marguerite et exige pour la protéger qu'elle se donne à lui. Marguerite n'en est plus à compter ses atteintes au contrat qui la lie à Neuville; elle accepterait donc la condition posée, si Saint-Just n'insultait grossièrement devant elle la reine malheureuse. Cela lui paraît lâche, elle le dit avec énergie et le conventionnel, furieux, l'abandonne à son sort. Des commissaires bientôt envahissent le théâtre, Philippe de Pommeuse va être découvert quand une inspiration de sa maîtresse le sauve. Un ami d'autrefois l'est venu visiter, c'est M. de Noailles chargé par le ministre de conduire à l'armée du Nord les volontaires parisiens. — « Nous marcherons tous aux frontières! » s'écrie Marguerite, et, devant Saint-Just stupéfait, les comédiens s'inscrivent en entonnant *la Carmagnole*.

« En Belgique, la compagnie Montansier, costumée à la diable, est placée à l'écart, dans un poste inutile. Le vieux Saint-Phar, en qui s'incarne le théâtre tout entier, et qui depuis quinze

ans aime Marguerite sans le lui avoir jamais
dit, partage le commandement avec Neuville.
Les hommes souffrent du froid et de la faim,
mais Marguerite les réconforte. Enrôlé malgré
lui dans les rangs des soldats républicains, Philippe y est resté à la prière de celle qu'il aime;
mais, quand il apprend par hasard qu'on a guillotiné son frère, il s'indigne et s'arrache des bras
de Marguerite pour aller joindre les nobles émigrés qui combattent dans les rangs autrichiens. Il
revient, poussé par les baïonnettes des ennemis
rencontrés dans sa fuite, on le prend alors pour
un traître, et Marguerite elle-même commande le
feu sur lui.

« Au lendemain de Jemmapes, les acteurs-
soldats, qui ont bien mérité de la patrie, s'apprêtent à donner sur le champ de bataille un spectacle en l'honneur des troupes victorieuses.
Contre son habitude, Marguerite laisse tout faire
aux autres; elle gémit à l'écart sur le sort de
l'amant tué par elle. Or, Philippe n'est pas mort;
grièvement blessé, il a été soigné, sauvé par
Neuville, son rival. Instruite de ce beau trait,
Marguerite n'a plus qu'une idée, chasser Philippe et reprendre Neuville, mais, à bout d'indulgence, celui-ci refuse son pardon. Heureusement
Saint-Phar, par un subterfuge, les amène à ré-

péter ensemble une scène de la paysannerie annoncée sur l'affiche : *Mathurine punie*. Ils s'y trouvent dans leur situation même, le fictif se mêle au réel, si bien que, confondant leurs rôles avec la passion, ils finissent par tomber dans les bras l'un de l'autre. »

En ces tableaux vivants — comme dans le présent livre — les défauts et les qualités de la Montansier apparaissent sous leur jour véritable. Elle fut légère, avide, changeante comme la plupart de ses contemporaines, mais, plus qu'aucune, elle eut le goût du beau, l'intelligence des arts, le désir du progrès.

Géniale parfois, vaillante souvent et bonne toujours, elle a, somme toute, les meilleurs droits à l'indulgence, car elle a travaillé, souffert et beaucoup aimé.

TABLE DES CHAPITRES

I

II

III

IV

V

XVI

XVII

XVIII

Paris. — Imp. Paul Dupont, 132.3.04 (Cl.)